Valentina Mussi @sweetportfolio

Das inoffizielle Kochbuch zu TikTok

Valentina Mussi @sweetportfolio

Das inoffizielle Kochbuch zu TikTok

75 beliebte Food-Trends zum Nachmachen

riva

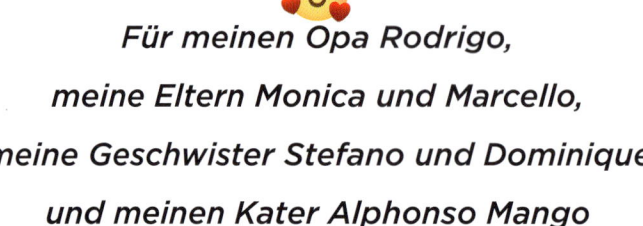

Für meinen Opa Rodrigo,

meine Eltern Monica und Marcello,

meine Geschwister Stefano und Dominique

und meinen Kater Alphonso Mango

Inhalt

Einleitung 11

Kapitel 1

Wie Rezepte viral gehen • 13

Kapitel 2

Drinks, die Spaß machen • 25

Dalgona Coffee Latte. 27	Whipped Cocoa. 37
Whipped Strawberry Milk 28	Orange Cream Float 39
Matcha Milkshake. 30	Bubble Milk Tea mit braunem Zucker . .40
Goldene Milch. 31	Pumpkin Spice Frappé 42
White Hot Chocolate. 33	Litschi-Boba-Limonade 43
Whipped Matcha Latte. 34	Drachenfrucht-Limonade-Frappé 45
Whipped Piña Colada 36	Pink Coconut Drink. 46

Frühstücks-Hacks • 49

Smoothie-Bowl »Meerjungfrau« 51

Soufflé-Pfannkuchen aus der
Heißluftfritteuse 52

Pink Protein Smoothie Bowl 54

Croissants mit Spekulatiuscreme 55

One-Pan-Frühstückssandwich 57

Himbeerige Chiacreme 58

Arme-Ritter-Auflauf mit Schokotröpfchen 61

Hummus-Toast 62

Ei-Lasagne 63

Kartoffelwaffeln 64

Panda-Pancakes 67

Pancake Cereal 68

Avocado-Eier aus dem Ofen 71

Toast mit Avocado-Rose 72

Schinkensandwiches aus
Brötchenteig 74

6 | Das inoffizielle Kochbuch zu TikTok

Schnelle und einfache Snacks • 75

Scharfe Mozzarella-Sticks aus der
Heißluftfritteuse 77

Pizzateilchen mit Salami 78

Gouda aus der Heißluftfritteuse 81

Knoblauchbrot »Schildkröten-
panzer« 82

Bananenbrot aus der Heißluftfritteuse 84

Schnelle Bagels 85

Tassen-Pizza 87

Garten-Focaccia 88

Cloud Bread 91

Muffin-Müsli 92

Eiscreme-Brot 93

Pizzawaffeln mit Mini-Salami 94

Knusprige Käselaibe 97

Tassen-Zimtschnecke 98

Pull-Apart-Knoblauchbrötchen 101

Kapitel 5

Mittag- und Abendessen • 103

Ramen-Nudeln de Luxe 104

Fleischbällchen mit Käsefüllung. . . . 107

Käsetortellini mit Pancetta. 108

Taco-Calzone 109

Burger mit frittiertem Mozzarella . . . 110

Würzige Hähnchenfilets mit
Käsekruste 113

Französische Zwiebelsuppe
im Brot. 114

Leckere Käsenudeln 117

Aligot 118

Lasagnerollen. 120

Tortilla-Enchiladas 121

Chicken-Teriyaki in Ananasbowls . . . 123

Pastatorte »Bienenwaben« 124

Pastapizza. 126

Kapitel 6

Desserts, Desserts und noch mehr Desserts • 127

Tassenkuchen zum Geburtstag 129	Einhorn-Fudge 144
Arme Ritter mit Schoko-Nuss-Creme 130	Überbackener S'More 146
Eiscreme aus dem Einmachglas.... 133	Drei-Minuten-Donuts.......... 147
Schokowaffel-Tacos 134	Marshmallow-Popcorn-Bällchen.... 149
Tassen-Kekskuchen........... 136	Mini-Donuts aus dem Backofen 150
Brotpudding aus Donuts........ 137	Cookie Cups mit Schokolade und Marshmallows 153
Doppelkekskrapfen........... 139	Gefüllter Pfannen-Keks......... 154
Riesenkeks aus der Heißluftfritteuse 140	Roher Kekssteig 156
Matcha-Lavakuchen 143	Register 158

Inhalt | 9

Einleitung

Den normalen Cheeseburger kennt sicherlich jeder, aber wie wäre es mit einem Burger, der mit paniertem Mozzarella belegt ist? 🔥 Ganz ehrlich, wer will immer das gleiche Eis in der Waffel essen, wenn er auch rohen Kekstaig mit Streuseln genießen kann? Und warum mal wieder ein langweiliges Stück Pizza essen, wenn es Pastapizza gibt? Seit wir unser Essen mit Fotos und Videos teilen können, sind wir hochgradig davon besessen. TikTok-Videos, Koch-Kanäle bei YouTube und Instagram-Accounts von Köchinnen und Köchen gehen viral und präsentieren unglaubliche Gerichte, die einem schon beim Anschauen das Wasser im Mund zusammenlaufen lassen. Und je interessanter, farbenfroher und außergewöhnlicher, desto besser!

Das ist die ✨ neue Esskultur ✨: Auf's Allerbeste vereint sie in sich das Schickimicki-Essen, das wir vorgeben, uns leisten zu können, und die Hausmannskost, die unsere Eltern für uns gekocht haben. Jetzt ist es Zeit, Gerichte auszuprobieren, die es sich zu posten lohnt, die deine Follower beeindrucken und deine Freunde dazu bringen, dich nach dem Rezept zu fragen! *Das inoffizielle Kochbuch zu TikTok* bietet 75 spektakuläre und dennoch einfache Köstlichkeiten, die zum Teil mit Mikrowellengeräten, Heißluftfritteusen und Waffeleisen zubereitet werden. Du kannst sie ganz schnell mit anderen teilen.

Du findest in diesem Buch bekannte Kreationen wie Pancake Cereal, Dalgona Coffee Latte und Tassen-Kekskuchen sowie einige bislang unveröffentlichte Rezepte, mit denen deine Gerichte viral gehen werden. Das Kochbuch ist nach Art der Gerichte in Kapitel aufgebaut und hält für jede Stimmung und jede Situation das Richtige bereit. Bei den meisten Rezepten ist ganz wenig Vorbereitungszeit nötig und sie lassen sich unkompliziert und ohne raffinierte Küchenausstattung oder ausgefallene und teure Zutaten umsetzen. Du bekommst auch Einblicke in die sozialen Medien, Tipps für tolle Fotos und Videos deiner Meisterwerke und dafür, wie du sie wirkungsvoll teilen und mehr Follower erreichen kannst.

Ob du von einer Karriere als Influencer oder Influencerin in den sozialen Medien träumst, ein leidenschaftlicher Foodie bist oder einfach nur etwas Neues und Köstliches mit deinen Freunden teilen willst – dieses Buch steckt voller Insider-Food-Tricks und kann dich als Leitfaden auf deinem Weg begleiten. Auf den freien Seiten hinten im Buch kannst du Notizen machen und festhalten, wie deine Kreationen und Videos gelungen sind, oder Ideen für deine eigenen viralen Rezepte notieren.

Kapitel 1

Wie Rezepte viral gehen

Alles beginnt bei TikTok! Alle neuesten Trends, Memes und viralen Challenges findet man hier – lange bevor sie sich in den anderen Ecken des Internets wie Facebook oder Instagram verbreiten. TikTok ist in der Internetkultur der Trendsetter schlechthin, auch bei Rezepten. Von Whipped Coffee bis zu Pancake Cereal – auf TikTok wirst du die Rezepte zuerst entdecken.

In diesem Kapitel erhältst du Basisinformationen und Insiderdetails für alles, was TikTok betrifft. Ich gehe alle wichtigen App-Funktionen und Toptrends durch und beantworte entscheidende Fragen, zum Beispiel, wie ich meinen Account habe verifizieren lassen (und wie du das auch tun kannst) oder was du meiner Meinung nach für Rezeptvideos, die viral gehen sollen, unbedingt an Küchenausstattung brauchst. Und ich verrate dir meine absoluten Lieblings-Apps zum Bearbeiten der Videos. Dieser Koch-Leitfaden ist exklusiv #FürDich. 🥰

Eine (sehr) kurze Geschichte

TikTok startete ja als musikbasierte App für Lippensynchronisation und Tanz, hat sich aber schnell zu einem sozialen Netzwerk entwickelt, in dem es von witzigen Geschichten über supersüße Tiervideos bis zu Tipps, Fakten und Beratung auf #edutok alles Mögliche gibt. Die hoch entwickelten Algorithmen ermitteln #FürDich, welche Inhalte dir am besten gefallen werden.

Und mit am besten an der App sind die Food-Hacks. Während unsere Eltern und Großeltern das Kochen mit überlieferten Familienrezepten gelernt haben, die jemand mal aus Zeitungen und Zeitschriften ausgeschnitten und Fernsehköchinnen und -köchen abgeschaut hat, funktioniert das heute dank #TikTokFood *ganz* anders. Heute sind wir mit Rezepten meistens in Form von einminütigen Videos konfrontiert. Sie gehen alles in einzelnen Schritten durch, bringen die Dinge auf den Punkt und legen den Fokus auf das, was aktuell gerade angesagt ist.

Es gibt heute viele Menschen, die zu Hause einzigartige, köstliche und ästhetische Gerichte kochen und anderen zeigen, wie man sie zubereitet. Sie gründen Communities (#welovepizza ist regelrecht ein Lebensgefühl) und bauen eine Beziehung zu ihren Followern auf. Wer eine Frage zu einem Gericht, der Kochzeit oder -technik hat oder einfach nur Lob oder Feedback loswerden will, kann dem User eine private Nachricht schicken oder einen Kommentar zum Video posten.

#Trending

Mit das Beste an TikTok sind die Trends. Immer wenn man die App öffnet, ist da ein neuer Trend, eine spannende Challenge oder ein bekannter Sound. Dalgona Coffee – oder Whipped Coffee – ist wohl einer der erstaunlichsten TikTok-Foodtrends. Oder hättest du gedacht, dass man etwas so Einfaches wie Instantkaffee in eine wunderbar schaumige Creme verwandeln kann? Ich jedenfalls nicht.

Das hat mich aber dazu gebracht, meinen eigenen TikTok-Trend zu kreieren: Whipped Milk. Als Dalgona Coffee immer beliebter wurde, war mir klar, dass es auch eine koffeinfreie Variante geben muss. Viele TikTok-User mögen so wie ich den Geschmack von starkem Kaffee nicht, ich vertrage auch höchstens eine Tasse am Tag. Die Herausforderung war, die schaumige Konsistenz des Dalgona zu erhalten, aber eben eine kaffeefreie Alternative daraus zu machen. Dafür habe ich Heavy Cream (mit ihrem hohen Fettgehalt ist Konditorsahne oder Crème Double der amerikanischen Heavy Cream sehr ähnlich) mit verschiedenen Pulvern und Sirups aromatisiert und Whipped Cocoa, Whipped Strawberry Milk,

Whipped Matcha Latte und über 20 weitere Kreationen erdacht, die einschlugen wie eine Bombe (einige meiner Favoriten findest du in Kapitel 2).

Ein Müsli aus Mini-Pfannkuchen und andere Müslis waren der nächste große Trend. Das ist ein wirklich entzückender Trend, denn alles, was in Miniaturausgabe gereicht wird, schaut einfach niedlich aus. Die Herstellung dauert natürlich länger, aber es macht unheimlich viel Spaß, und die Leute haben sofort angefangen, von allem Möglichen Minivarianten anzufertigen: Croissant-Müsli, Keks-Müsli, Pizza-Müsli ...

#Foodfam

Eines ist besonders cool an der Rezept-Explosion auf TikTok: Sie hat quasi eine weltweite Küche geschaffen. Wer ein Smartphone hat, kann ein Gericht zubereiten und online stellen, und so teilen Menschen auf der ganzen Welt ihre Lieblingsgerichte und stellen den Viewern Dinge vor, von denen diese sonst vielleicht niemals etwas mitbekommen hätten.

Und jeder kann ein cooles Foodkonzept vorstellen und einen Trend auslösen! Die meisten »berühmten« Online-Köche haben nie eine entsprechende Ausbildung gemacht. Sie sind einfach nur Food-Begeisterte, die gern in der Küche experimentieren. Dass sie Rezepte entwickeln, die fast jede und jeder mit einfachen Zutaten und Utensilien nachmachen kann, das macht den Charme des Ganzen aus.

Sehen und gesehen werden

Es gibt vier führende Social-Media-Plattformen, auf denen man Videos anschauen kann: YouTube, Facebook, Instagram und natürlich ✨ TikTok ✨. YouTube und Facebook sind eher oldschool-mäßig. Dort können die Videos über eine Stunde lang sein; durchschnittlich allerdings dauert ein Video auf YouTube elf Minuten und auf Facebook sieben Minuten. Diese Rezept-Videos richten sich mehr an die ältere Generation und ähneln den traditionellen Kochshows im Fernsehen, die unsere Eltern so lieben. Meistens spricht ein Host zum Publikum, und im Verlauf wird ein wenig geplaudert (eine Einleitung, ein paar Scherze und Kommentare). Beide Plattformen haben Elemente, die die Zuschauer einbinden (zum Beispiel durch Likes oder Kommentare). Facebook lässt auch Teilen und Livestream zu.

Ich finde es besser, wenn das Ganze kürzer und prägnanter ist. (Wer hat schon Zeit für einen zehnminütigen Monolog darüber, warum jemand gerne Brot backt? Wichtig ist nur, wie es geht!) Deswegen sind Plattformen wie Instagram und TikTok so beliebt. Bei beiden können die User die Videos liken, kommentieren und teilen, aber die Filme dauern nur eine

Minute. Der ganze langweilige Kram wird rausgekürzt. Beide Plattformen haben außerdem das Feature »Livestream«.

Die Hauptunterschiede zwischen TikTok und Instagram: Bei TikTok gibt es die Funktionen Duett und Stitch, das heißt, du kannst das Video von jemand anderem nehmen und deine Reaktion darauf filmen oder sogar einen Clip daraus zu einem eigenen Video hinzufügen. Bei TikTok können die User ihre Videos auch mit Musik ergänzen oder den Sound aus dem Video von jemand anderem im eigenen Video wiederverwenden.

Ein gutes TikTok-Rezept erzählt den ganzen Vorgang schnell und verknüpft mehrere Szenen. Die Übergänge sind fließend, es gibt ein Audio (entweder einen Song, einen Sound oder Voiceover) sowie einen Anfang und ein Ende (das heißt, du solltest damit beginnen, die Zutaten vorzustellen, und mit dem fertigen Produkt schließen). Dein Publikum muss allein aus dem einminütigen Video verstehen können, was du machst und wie du es machst.

Immer schön einfach

Bei der Entscheidung, was sich für ein Rezeptvideo eignet, ist es hilfreich zu wissen, wie sich TikTok von anderen Plattformen unterscheidet. Kennzeichnend für TikTok-Rezepte sind die einfachen Zutaten (viele Backmischungen und Fertigteige), die man in jedem Supermarkt findet, und die verwendeten Geräte. Mikrowellengeräte, Heißluftfritteusen und Waffeleisen sind deine besten Freunde, wenn du für TikTok kochst. Zum Glück besitzen fast alle Leute diese Geräte, ob in der Küche oder im Büro. Sinn und Zweck der Übung ist, dem Publikum zu vermitteln, wie man einfach kochen und trotzdem ein Gericht zaubern kann, das #EXTRA! ist. ✨

Zusätzlich zu den Schritt-für-Schritt-Anleitungen sind auch die tollen Bilder das Besondere an TikTok-Rezepten. Käse, der Fäden zieht, Schokosirup, der auf ein Dessert tropft, Dampf, der von einem Teller Pasta aufsteigt, ein Berg aufgehäufter Schlagsahne oder ein Löffel mit einem leckeren Dessert – das sind Aufnahmen, die für Spannung sorgen und einfache Gerichte zu #foodporn steigern. Du solltest also immer Gerichte wählen, die ästhetischen Gesichtspunkten gerecht werden, gerade auch üppige Süßspeisen (wer kümmert sich schon um Kalorien), bei TikTok-Rezepten geht es rein um den Spaß!

Das brauchst du

Natürlich brauchst du ein paar Dinge, um die nächste große TikTok-Köchin zu werden. Von Grundzutaten bis Bearbeitungs-Apps kommt hier alles, was dir dabei hilft, dass deine Rezepte und Videos erfolgreich werden.

Zutaten

TikTok-Rezepte sind einfach und erfordern nur wenige Zutaten, die im Handel leicht zu finden sind. Leg dir von folgenden Must-haves einen Vorrat an:

- Konditorsahne/alternativ Crème Double (oder amerikanische Heavy Cream) für Whipped Milk
- Mozzarellasticks ohne Panade oder Mozzarella für die Käsesticks aus der Heißluftfritteuse, Pizzabrötchen und mehr
- Pfannkuchen-Backmischungen, bei denen du nur Wasser zugeben musst (für Minipfannkuchen und Ähnliches aus der Pfanne)
- Fertigteig für Pizzabrötchen und Croissants mit Cookie-Butter
- fertiger Keksteig mit Schokotröpfchen; kein Mensch hat die Zeit, alles selbst zu machen.

Küchengeräte

Bei TikTok-Rezepten geht es darum, ausgefallene Gerichte möglichst einfach und mit wenig zusätzlicher Arbeit zu realisieren. Folgende Gerätschaften brauchst du für die Rezepte aus diesem Buch:

1. **Heißluftfritteuse**. Ich übertreibe *nicht*, wenn ich sage, dass ich dieses Gerät liebe. Kochen, Backen und Braten geht damit ganz einfach – man braucht keine Riesenmengen Öl, und es dauert nur halb so lange. Besorg dir eine, deren Frittierkorb mindestens 3,5 l fasst.
2. **Waffeleisen**. Ich mache damit mehr als nur die guten alten Normalo-Waffeln; du wirst sehen, wie flexibel dieses Gerät sein kann.
3. **Standmixer**.
4. **Handmixer**. Wer kocht, braucht einen Mixer! Mixer sind der Schlüssel zu allen TikTok-Trends, bei denen etwas aufgeschlagen wird. Wer für Dalgona Coffee oder Whipped Milk keinen Handmixer hat, muss ziemlich lange mit dem Schneebesen rühren.

Wenn du eines dieser Geräte noch nicht zur Verfügung hast, dann weißt du ja, was auf deine Wunschliste kommt. Notfalls kannst du dir vielleicht etwas von Freunden oder Verwandten ausleihen.

Filmausrüstung

Für TikToks braucht man keine supertollen Spiegelreflexkameras. Ich filme meinen gesamten Video-Content einfach mit dem Smartphone. Hier ein kurzer Überblick über meine Ausrüstung:

Kameras

Alle meine Videos werden mit der Kamera eines iPhone 12 Pro Max aufgenommen. Ich filme im Format 9 : 16 (Hochformat) und stelle meine Kamera auf Aufnahme mit der Auflösung 1080p HD ein, damit es ein qualitativ hochwertiges Video wird.

Beleuchtung

Um ein gutes Licht zu haben, filme ich meist in der Nähe einer natürlichen Lichtquelle wie zum Beispiel meinem Küchenfenster, denn das ist erstens praktisch und zweitens verleiht es den Foodvideos eine angenehme Atmosphäre. Wenn es draußen bewölkt ist oder ich nachts filme, geht das natürlich nicht, dann muss ich Kunstlicht nutzen. In solchen Fällen empfehle ich Folgendes:

1. **Ein kleines Ringlicht.** So ein Licht ist online und im Elektrohandel erhältlich. Eine preisgünstige Möglichkeit, um deine Motive gut auszuleuchten.
2. **Ein Beleuchtungsset, Softbox.** Die etwas teurere Variante. Die Sets gibt es in allen möglichen Varianten und Preisklassen. Sie sind super, wenn du viel Content zu Hause filmst, aber keine gleichbleibende natürliche Lichtquelle hast, und wenn du einen größeren Raum beleuchten willst.

Stative

Ich verwende zwei Arten von Stativen für meine Kochvideos, je nachdem, was ich einzufangen versuche:

1. **Überkopf-Befestigung.** Dies ist im Grunde kein Stativ, sondern eher ein Arm, der für Überkopf-Videos an einen Tisch oder eine Theke geklemmt wird. Ich nutze diese Befestigung speziell beim Backen, weil man so gut sehen kann, wie ich verschiedene Zutaten in die Schüssel gebe.

2. **Normales Stativ mit Handy-Adapter.** Das verwende ich, wenn ich Videos von mir selbst aufzeichne sowie für Frontalansichten der Gerichte und Aufnahmen, die Gerichte von der Seite zeigen, zum Beispiel, wenn ich ein extrem käsehaltiges Gericht mache und ein Stück davon anhebe, um zu zeigen, dass der Käse Fäden zieht.

Bearbeitungs-Apps

Die TikTok-App verfügt über hervorragende In-App-Features für die Videobearbeitung, aber manchmal möchte man externe Musik verwenden, die Beleuchtung korrigieren oder Text in unterschiedlichen Schriftarten einbauen.

Da arbeite ich am liebsten mit Kinemaster. Es funktioniert wie eine hoch entwickelte App zur Videobearbeitung am Computer, allerdings direkt per Handy. Du kannst Clips zusammensetzen, Musik hinzufügen und spezielle Elemente bearbeiten wie Sättigung, Helligkeit und Wärme. Noch mehr Bearbeitungsmöglichkeiten findest du bei InShot, Zoomerang und Voloco. Bei diesen Apps kannst du Filter, Übergangseffekte und stimmverändernde Features hinzufügen, die für Voiceover-Videos super funktionieren.

Den Algorithmus überlisten

Niemand weiß genau, wie der TikTok-Algorithmus funktioniert – und die Verantwortlichen legen es auch nicht völlig offen. Warum nicht? Na ja, vielleicht verstehen sie ihn auch nicht hundertprozentig. Der Algorithmus hat seinen eigenen »Verstand«, gestützt auf die Informationen, mit denen die Ingenieure von TikTok ihn füttern.

Bevor ich dir verraten kann, was mir dabei geholfen hat, den Algorithmus zu überlisten, muss ich ein *kleines bisschen* technisch werden und erklären, was genau ein Algorithmus in der Welt der sozialen Netzwerke ist. Ein Algorithmus hat die Aufgabe, Content zu durchforsten und zu entscheiden, an welchen Videos du am meisten interessiert sein könntest, und zwar gestützt auf die Informationen, die die App über dich gesammelt hat (Alter, Standort, Interessen, Likes, Dislikes). Was du als FürDich-Seite kennst (FYP), ist der Home-Bildschirm von TikTok, auf dem du durch Videos unterschiedlicher User scrollst. Der TikTok-Algorithmus zeigt dir Videos, von denen er glaubt, dass sie dir gefallen, und zeichnet auf, mit welchen du interagierst, also was du gelikt, kommentiert oder geteilt hast, welchen Videos du folgst, welche du ganz angesehen oder nochmals abgespielt hast oder bei welchen du einfach weiterscrollst. Der Algorithmus lernt aus all deinen Interaktionen, damit er dir weiterhin Content anbieten kann, der dir vermutlich gefällt.

Mit dem Algorithmus im Hinterkopf solltest du deinen Content optimieren, um mehr Views zu bekommen. Hier sind meine Toptipps, die dir helfen, auf den FürDich-Seiten von vielen Leuten zu landen:

1. **Sorge für Aufmerksamkeit**. TikTok ist eine Plattform, auf der Videos automatisch abgespielt werden, und mit nur einem schnellen Wisch ist dein Video für immer vom Handy deiner Viewer verschwunden. Um zu verhindern, dass sie gleich weiterscrollen, musst du es schaffen, dass dein Video sofort interessant wirkt, das heißt, die ersten Sekunden sind entscheidend. Bei einem Foodvideo geht das am besten mit einem Blick vorab auf das Endprodukt oder mit der Ankündigung, worum es im Video geht. Eine Textblase oder ein Voiceover mit einer Ansage wie »Heute zeige ich euch, wie man Tassen-Pizza macht« ist zum Beispiel eine Möglichkeit, um Leute dazu zu bringen, nicht weiterzuscrollen und dein Video anzusehen.
2. **Die Länge ist wichtig.** Bei TikTok können die User Videos mit einer Länge von bis zu einer Minute hochladen, aber die meisten von uns schauen nichts an, was länger als 30 Sekunden dauert. Natürlich geht es auch mir so, dass ich mein Essen am liebsten von allen Seiten filmen und zeigen würde, aber die meisten Leute haben nicht die Geduld, vor dem Weiterwischen ewig zuzuschauen. Wenn du dein Publikum für dein Video einnehmen und es durchgehend unterhalten möchtest, ist weniger mehr (ich poste Videos, die länger als 30 Sekunden sind, nur, wenn ich sicher bin, dass mein Rezept und meine Geschichte garantiert so fesselnd sind, dass meine Zuschauer alles sehen wollen 😋).
3. **Bring den Leuten etwas bei.** Die Menschen brauchen einen Grund, dir zu folgen. Ich konnte meinen Account auf über eine Million Follower steigern, weil ich den Zuschauern beibringe, wie man Essen zubereitet. Vergiss das nicht, wenn du deinen eigenen Content kreierst. Teile nicht einfach ein Video mit einem Nudelgericht – zeig den Viewern, wie man es kocht. Verrate Tipps und Tricks, wie sie es selbst nachmachen können. Wenn Leute dein Video auf der FürDich-Seite finden und feststellen, dass du gute Ratschläge gibst, ist es wahrscheinlicher, dass sie dir folgen.

Reichweite erhöhen

Beim Aufbau einer TikTok-Existenz geht es nicht nur darum, den Algorithmus auszutricksen und auf den FürDich-Seiten zu landen. Es geht auch darum, den Leuten zu zeigen, wer du bist, und ihnen einen Grund zu geben, dir zu folgen. Du kannst nur dann Follower gewinnen, wenn du eine Community pflegst, dein Publikum respektvoll behandelst und immer freundlich bist.

Ein paar Dinge solltest du bedenken, bevor du versuchst, dich als TikTok-Content-Creator zu etablieren:

1. **Antworte auf Kommentare.** Die Menschen mögen es, wenn ein Creator ihre Kommentare beantwortet oder mit einem Like versieht. Dadurch entsteht eine Beziehung, und sie werden dir eher folgen. Doch je mehr dein Account wächst und deine Videos viral gehen, umso schwieriger wird das, denn auch die zu beantwortenden Kommentare werden mehr. Versuche, jeden Tag ein paar Minuten dafür einzuplanen, Fragen zu beantworten und dich für Komplimente zu bedanken.

2. **Leg dir ein dickes Fell zu.** Wenn du etwas postest, gibst du allen, die online sind, das Recht auf Kommentare ... und nicht jede oder jeder äußert seine Gedanken auf nette Art und Weise. Ich bekomme zu meinem Content zahllose gemeine Kommentare, und sobald deine Videos viral gehen, wird das bei dir wahrscheinlich auch so sein. Du musst lernen, dich auf die positiven Kommentare zu konzentrieren (denn die gibt es normalerweise ohne Ende!) und die Hassposter zu ignorieren.

3. **Beachte Trends.** Online-Trends sind häufig ausgesprochen kurzlebig, also spring auf den Zug auf, so schnell du kannst. Trends früh aufzugreifen ist eine super Möglichkeit, viral zu gehen. Wenn du siehst, dass ein Sound gerade zum Trend wird, dann integriere ihn in dein Video und poste es so schnell wie möglich. Die Topvideos auf der Entdecken-Seite anzusehen gehört zum TikTok-Dasein dazu, und so bekommst du jeden Hype mit.

4. **Keine Angst vor Experimenten.** Ein Trendsetter zu sein, ist genauso wichtig wie das frühe Aufgreifen von Trends. Das macht dich unheimlich attraktiv, und du inspirierst andere User, dir nachzueifern. Ich habe das geschafft, indem ich Tassen-Kekskuchen, Whipped Milk und Snacks aus der Heißluftfritteuse ausprobiert habe. Durch meine Experimente habe ich es geschafft, mich als Rezeptentwicklerin und hauptberufliche Onlinecontent-Creator zu etablieren.

Viele Menschen glauben, dass sich die Reichweite erhöht, wenn man verifiziert ist. 👁️👄👁️ Aber die Verifizierung auf TikTok ist eigentlich nur eine Sache für die Eitelkeit. Glaub mir: Die Verifizierung hat nur den einen Vorteil, dass die User wissen, dass mit deinem Account/deiner Marke legal alles stimmt. Die TikTok-App sieht für verifizierte Creator genau gleich aus, und wir bekommen keine besonderen Features.

Wer verifiziert werden *möchte*, hat keine Möglichkeit, dies bei TikTok anzufragen. Die App entscheidet, wem dies wann gewährt wird. Bei mir war es so, dass ich drei Monate nach dem Erstellen meines Accounts verifiziert wurde, als ich knapp 100.000 Follower hatte. Ich habe in meinem Account oder der Interaktionsrate dadurch aber keinerlei Veränderungen feststellen können.

Deine Plattform boosten

Wenn du erst mal Follower gewonnen hast, gibt es im Wesentlichen drei Möglichkeiten, um deine TikTok-Plattform zu Geld zu machen:

1. **Schließ dich dem TikTok-Creator-Programm an.** Im Herbst 2020 hat TikTok das TikTok-Creator-Programm gestartet, das Einkommen für seine Creator bringt. Man darf daran teilnehmen, wenn man mindestens 10 000 Follower hat und mindestens 18 Jahre alt ist
2. **Mach Liveübertragungen.** Live zu übertragen ist super, um die Beziehung zu deinen Followern zu vertiefen. Wenn die Creator live senden, hosten sie einen Livestream und fangen an, sich aufzunehmen; andere User werden darüber informiert und schalten sich dem Livevideo zu. Die Creator können direkt mit ihren Followern sprechen, es können Fragen gestellt und Kommentare gepostet werden, die alle Zuschauer zu sehen bekommen. Die Follower können während Livestreaming-Sessions auch Geschenke an die Creator schicken; das ist eine Art Online-Bezahlung.
3. **Arbeite mit Brands zusammen und poste Werbung.** Dies ist die Haupteinnahmequelle für die meisten Online-Content-Creator. Unternehmen beauftragen Influencer, Videos aufzunehmen, in denen sie den Followern bestimmte Produkte vorstellen und die Message des Unternehmens teilen.

Eine Anmerkung zu Brands: Wenn du eine Marke ganz besonders gut findest, dann schreibe Posts über sie und tagge sie. So machst du sie auf dich aufmerksam. Über 90 Prozent meines Contents sind authentisch und unbezahlt; wenn du siehst, dass ich beim Kochen immer wieder dieselben Marken verwende, dann ist das eine echte Empfehlung (durch authentische Postings über diese Marken bin ich zu Vertragsabschlüssen gekommen).

… und jetzt kommst du!

Du kennst nun die Insider-Details, die dich dabei unterstützen, #TikTokKoch zu werden, jetzt ist es höchste Zeit, dass du selbst experimentierst (und dich filmst). Am Anfang kann es etwas tricky sein, gleichzeitig zu kochen und zu filmen, aber mit etwas Übung schaffst du das bald ganz leicht. Nimm dieses Buch als Ausgangspunkt für deine eigenen einzigartigen Kreationen. Du würdest gern Whipped Milk probieren, aber Erdbeeren sind nicht so dein Fall? Nimm statt Erdbeerpulver einfach einen anderen Geschmack. Burger mit frittiertem Mozzarella hört sich super an, aber du isst kein Fleisch? Dann verwende stattdessen einen vegetarischen Patty, dann passt der Burger zu dir. Du möchtest deinem Schildkrötenpanzerbrot mit Knoblauch eher eine Pizza-Note verleihen? Gib noch Salami, Tomatensoße und Mozzarella hinzu – schon hast du etwas völlig Neues. Es gibt hier im Grunde keine Regeln: Stürz dich ins Vergnügen und koch das, was dir am besten schmeckt. 😋

Kapitel 2

Drinks, die Spaß machen

Dalgona Coffee Latte

Dieses Rezept hat das Internet im Sturm erobert. Es ist wohl das bekannteste Kaffee-Getränk seit der Pumpkin Spice Latte. Und das beste! Du brauchst dazu nur Zutaten, die du bestimmt zu Hause hast.

FÜR 1 PORTION

3 EL Instant-Kaffeepulver
3 EL heißes Wasser
3 EL Kristallzucker
1 großzügige Handvoll Eiswürfel
180 ml Vollmilch

1. In einer mittelgroßen Schüssel Kaffeepulver, Wasser und Zucker mischen. Mischung mit einem Handmixer auf hoher Stufe 10 Minuten oder mit einem Schneebesen so lange aufschlagen, bis sich steife Spitzen bilden.

2. Ein 240-ml-Glas zu drei Vierteln mit Eiswürfeln füllen und die Milch hinzugeben. Das Kaffeegemisch mit dem Löffel daraufgeben.

Küchen-Hack

Das Kaffeegemisch bis zur richtigen Konsistenz aufzuschlagen kann sich ganz schön in die Länge ziehen, vor allem, wenn man es von Hand erledigt! Wenn du keinen Handmixer hast, nimm einfach einen Shakebecher (mit einer Metallkugel mit Schneebesen-Effekt). Kaffeepulver, Wasser und Zucker hineingeben und ein paar Minuten lang schütteln.

Whipped Strawberry Milk

Das ist eine supereinfache Variante des Getränks, das dich schon seit Langem begeistert. Du benötigst nur drei Zutaten, bekommst ein schaumiges, süßes Topping auf der Milch und sicher jede Menge Views. Beeil dich mit den Fotos, bevor die Eiswürfel schmelzen! Für die ✨ vegane Version ✨ nimmst du statt der Konditorsahne Kokosmilch und Mandel- oder Haferdrink statt Vollmilch. Stell die Kokosmilch über Nacht kalt, so bekommst du nach dem Schlagen die perfekte schaumig-leichte Textur.

FÜR 1 PORTION

2 EL Erdbeerpulver
125 ml Konditorsahne (alternativ Crème Double)
1 großzügige Handvoll Eiswürfel
180 ml Vollmilch

1. Erdbeerpulver und Sahne in eine mittelgroße Schüssel geben. Mit dem Handmixer auf mittlerer bis hoher Stufe 3 Minuten oder mit dem Schneebesen so lange aufschlagen, bis sich weiche Spitzen bilden.
2. Ein 240-ml-Glas zu drei Vierteln mit Eiswürfeln füllen und die Milch dazugießen.
3. Mit dem Löffel die aufgeschlagene Erdbeermasse auf die Milch geben. Schnell ein Foto schießen und dann trinken, bevor das Eis schmilzt!

#FürDich-Tipp

Gib deinen Whipped-Milk-Kreationen für die Kamera einen besonderen Pfiff. Mit einem wasserfesten Stift kannst du Augen oder ein Gesicht außen auf das Glas malen (geht mit Reinigungsalkohol wieder ab! 👁‍👁). Soll deine Erdbeermilch an ein Schweinchen erinnern, nimmst du ein quadratisches rosa Kaubonbon, halbierst es diagonal und setzt die Dreiecke wie Ohren auf dein Getränk. Für ein Einhorn formst du ein 9 cm langes rundes Stück Fondant zu einem langen Tropfen, verdrehst ihn zu einem Horn und steckst dieses oben auf das Getränk.

Matcha Milkshake

Es ist gar nicht so einfach, für einen Milkshake das perfekte Verhältnis von Milch und Eiscreme zu finden, aber ich verrate es dir! Mit diesem Rezept bekommst du den perfekten, koffeinhaltigen Milkshake, der deinen Heißhunger auf Zucker und Energie stillt.

FÜR 1 PORTION

5 Kugeln (125 ml) Vanilleeis
2 TL plus ¼ TL Matchapulver
60 ml Vollmilch
Sprühsahne

1. In einem Standmixer Eiscreme, 2 TL Matchapulver und Milch auf höchster Stufe 1 Minute schlagen.
2. In ein hohes Glas gießen und mit kreisender Bewegung eine ordentliche Menge Schlagsahne aufsprühen. Das restliche Matchapulver darüberstreuen.

Goldene Milch

Goldene Milch ist ein traditionelles indisches Getränk, das wirklich gesund ist. Seine schöne gelbe Farbe hat es in den sozialen Medien so populär gemacht. Kurkuma als Gewürz in einem Getränk mag etwas ungewöhnlich klingen, aber glaub mir, es schmeckt göttlich.

FÜR 1 PORTION

2 EL gemahlene Kurkuma
½ TL gemahlener Ingwer
¼ TL gemahlener Zimt
1 EL Honig
250 ml Vollmilch

1. Alle Zutaten in einen kleinen Topf geben, mit dem Schneebesen verrühren und auf mittlerer Stufe erhitzen. 4 Minuten köcheln lassen, dabei gelegentlich mit dem Schneebesen umrühren.
2. In eine große Tasse füllen und sofort trinken.

White Hot Chocolate

Du trinkst bestimmt schon dein ganzes Leben lang heißen Kakao, aber wie wäre es mal mit weißer heißer Schokolade? Das wird garantiert dein neues Lieblingsgetränk, wenn du dich im Winter aufwärmen und es dir behaglich machen willst. 🥰

FÜR 1 PORTION

250 ml Vollmilch
45 g weiße Schokotröpfchen
½ TL Vanilleextrakt
1 kleine Handvoll Mini-Marshmallows

1. Milch, Schokotröpfchen und Vanille in einen kleinen Topf geben und auf mittlerer Stufe 5 Minuten unter Rühren erhitzen, bis die Schokolade geschmolzen ist.
2. In einen hohen Becher füllen und mit Marshmallows garniert servieren.

Whipped Matcha Latte

Matcha-Latte-Getränke sind perfekt, wenn du einen Koffeinkick brauchst. Matcha ist für sein intensives Tee-Aroma und seine potenziell gesundheitsfördernden Stoffe wie zum Beispiel Antioxidantien bekannt. Es ist höchste Zeit, deinen gewohnten Matcha Latte etwas aufzupeppen!

FÜR 1 PORTION

1½ TL Matchapulver
90 ml Konditorsahne (alternativ Crème Double)
1½ EL Kristallzucker
180 ml Vollmilch

1. In einer mittelgroßen Schüssel Matchapulver, Sahne und Zucker verrühren. Mit einem Handmixer auf mittlerer bis hoher Stufe 3 Minuten oder mit dem Schneebesen so lange aufschlagen, bis sich weiche Spitzen bilden.

2. Die Milch entweder mit einem Milchaufschäumer oder in einem kleinen Topf auf mittlerer bis hoher Stufe 4 Minuten erwärmen, bis die Milch zu dampfen beginnt.

3. Milch in einen großen Becher gießen und das aufgeschlagene Matcha-Gemisch mit einem Löffel daraufgeben.

Küchen-Hack

Matchapulver für Drinks ist Matcha-Tee und qualitativ besonders hochwertig. Er hat eine kräftigere Farbe und schmeckt etwas intensiver als Koch-Matcha. Matcha-Tee wird in traditionellen japanischen Teezeremonien verwendet und ist mitunter schwer zu bekommen. Koch-Matcha kannst du gut als Ersatz nehmen, du findest ihn in den meisten Lebensmittelläden und er ist nicht so teuer. 🥰

Whipped Piña Colada

Fruchtige Getränke müssen nicht immer Smoothies sein. Dies ist eine alkoholfreie Version des beliebten tropischen Cocktails, die richtig Spaß macht. Koffer packen ist nicht nötig, dieses Rezept bringt die Karibik zu dir!

FÜR 1 PORTION

3 EL Ananassaft aus der Dose
90 ml Konditorsahne (alternativ Crème Double)
1 großzügige Handvoll Eiswürfel
2 EL Kokoscreme aus der Dose
250 ml ungesüßte Kokosmilch
2 EL Kristallzucker

1. In einer mittelgroßen Schüssel Ananassaft und Konditorsahne verrühren. Mit einem Handmixer auf mittlerer bis hoher Stufe 5 Minuten oder mit dem Schneebesen so lange aufschlagen, bis sich weiche Spitzen bilden.

2. In einem Standmixer Eiswürfel, Kokoscreme, Kokosmilch und Zucker auf höchster Stufe 1 Minute verrühren.

3. Das Gemisch aus dem Mixer in ein hohes Glas füllen. Das aufgeschlagene Ananasgemisch daraufgeben und mit einem Trinkhalm trinken.

Whipped Cocoa

Schokomilch ist *der* Klassiker, den wir alle aus der Kindheit kennen. Manche meinen, Klassiker sollten unverändert bleiben, aber ich finde: Warum nicht noch besser machen? Diese Schokomilch ist noch leckerer und weckt trotzdem Kindheitserinnerungen.

FÜR 1 PORTION

1 TL Kakaopulver
2 EL Kristallzucker
90 ml Konditorsahne (alternativ Crème Double)
1 großzügige Handvoll Eiswürfel
180 ml Vollmilch

1. In einer mittelgroßen Schüssel Kakao, Zucker und Sahne verrühren. Mit einem Handmixer auf mittlerer bis hoher Stufe 3 Minuten oder mit einem Schneebesen so lange aufschlagen, bis sich mittelfeste Spitzen bilden.

2. Ein 240-ml-Glas zu drei Vierteln mit Eiswürfeln füllen und die Milch hinzugeben.

3. Das aufgeschlagene Kakaogemisch mit dem Löffel daraufgeben. Mit Trinkhalm trinken.

Küchen-Hack

Nimm dieses Rezept als Grundlage für aromatisierte Whipped Milk aller Art! Ich habe Whipped Milk schon mit Spekulatiuscreme, Schoko-Nuss-Creme oder Limettensaft gemacht, sogar mit Sojasoße. Solange du Konditorsahne hast, ist alles möglich. 🥰

Orange Cream Float

»Floats« sind Getränke, die in den USA in den 1950er-Jahren beliebt waren und mit Eiscreme und Mineralwasser oder Limonade zubereitet werden. Wir ermöglichen dieser Köstlichkeit das Comeback, das sie verdient! Lass deinen inneren Hipster frei, setz den Vintage-Filter auf und schwelge im Genuss.

FÜR 1 PORTION

125 ml Vanilleeis
375 ml Orangenlimonade
Sprühsahne

1. Die Hälfte des Eises in ein hohes Glas geben. Das Glas zu drei Vierteln mit Limonade auffüllen.
2. Vorsichtig das restliche Eis hineingeben und einen schönen, großen Schwung Sahne aufsprühen.

Bubble Milk Tea mit braunem Zucker

Bubble Tea oder Boba Boba ist ein Getränk aus Taiwan, das die sozialen Medien im Sturm erobert hat. Dieses Getränk ist allerdings kein Tee, sondern wird mit Milch zubereitet. Für den Bubble-Effekt sorgen die runden Tapioka-Perlen auf dem Grund des Getränks. Es gibt davon verschiedene Sorten, am weitesten verbreitet ist jedoch schwarze Tapioka. Du kannst dich an den beliebten Klassiker halten oder andere Perlen ausprobieren.

FÜR 2 PORTIONEN

1 l plus 60 ml Wasser
75 g Tapiokaperlen
45 g brauner Zucker
500 ml Vollmilch

1. 1 l Wasser in einem mittelgroßen Topf auf mittlerer bis hoher Stufe zum Kochen bringen und die Tapiokaperlen hinzugeben. 6 Minuten bei mittlerer Hitze köcheln lassen, durch ein Sieb abgießen und für 1 Minute in eine Schüssel mit Eiswasser geben. Wiederum abgießen, dann in den Topf zurückschütten.

2. Das restliche Wasser und den Zucker zugeben und Tapiokaperlen auf mittlerer bis hoher Stufe unter Rühren (Holzlöffel!) 14 Minuten köcheln lassen, bis der Zucker eindickt und zu Sirup wird.

3. 4 EL des Tapioka-Sirups in ein 240-ml-Glas geben. Das Glas vorsichtig kreisen lassen, damit die Wände mit dem Sirup bedeckt sind. Mit der Hälfte der Milch aufgießen. Mit den restlichen Zutaten und einem zweiten Glas den Vorgang wiederholen.

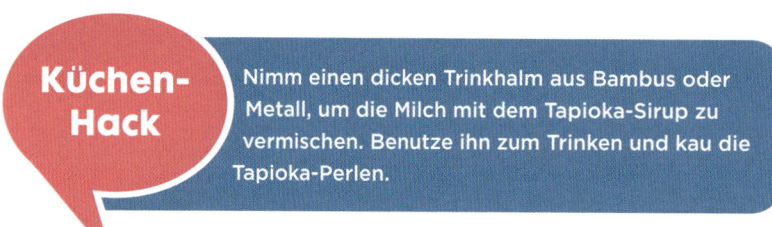

Küchen-Hack: Nimm einen dicken Trinkhalm aus Bambus oder Metall, um die Milch mit dem Tapioka-Sirup zu vermischen. Benutze ihn zum Trinken und kau die Tapioka-Perlen.

Pumpkin Spice Frappé

Pumpkin Spice ist ein echt trendiges Getränk in den sozialen Medien. Wenn es nach mir geht, bereiten wir es das ganze Jahr über zu und müssen nicht auf den Herbst warten. Und keine Sorge: Die Gewürzmischung lässt sich supereinfach selbst herstellen.

FÜR 1 PORTION

1 TL gemahlener Zimt
⅛ TL gemahlene Muskatnuss
⅛ TL gemahlener Ingwer
⅛ TL gemahlene Nelken
1 Schuss Espresso
250 ml Vollmilch
1 großzügige Handvoll Eiswürfel
3 EL Vanillepuddingpulver

1. In einer kleinen Schüssel alle Gewürze miteinander vermischen.
2. Espresso in einen Standmixer gießen. Gewürzmischung, Milch, Eiswürfel und Puddingpulver hinzugeben. Auf höchster Stufe 1 Minute verarbeiten, bis keine größeren Eisstückchen mehr übrig sind.
3. In einem 600-ml-Glas servieren.

Litschi-Boba-Limonade

Hier kommt noch ein koffeinfreies Bubble-Getränk, dieses Mal mit den beliebten Popping Boba Fruchtperlen, das sind kleine, mit süßem Fruchtsaft gefüllte Geleekügelchen. Sie zerplatzen in deinem Mund, noch bevor du hineinbeißt. Sie heben jedes Getränk ganz sicher auf das nächste Level.

FÜR 2 PORTIONEN

150 g Litschis aus der Dose, mit Sirup
250 ml Limonade
250 ml Wasser
1 großzügige Handvoll Eiswürfel
8 EL Popping Boba Fruchtperlen Litschi

1. Litschis mit Sirup, Limonade, Wasser und Eiswürfel in den Standmixer geben und auf höchster Stufe 1 Minute verarbeiten.
2. In 2 Trinkgefäße à 600 ml je 4 EL Fruchtperlen geben. Mit dem Litschi-Gemisch auffüllen. Mit Trinkhalmen genießen.

Küchen-Hack

Popping Boba Fruchtperlen sind sowohl online als auch in den meisten Asia-Läden erhältlich. Es gibt sie in allen erdenklichen Geschmacksrichtungen, am beliebtesten sind Litschi, Mango und Erdbeere. Meistens nimmt man sie für Getränke, aber du kannst sie auch in Desserts ausprobieren! 😊

Drachenfrucht-Limonade-Frappé

Vergiss die Acai-Beere: Die Drachenfrucht, auch unter dem Namen Pitaya bekannt, ist der neue Renner auf TikTok. Diese exotische Frucht hat eine tolle Farbe und hübsche kleine schwarze Samenkörner. Die perfekte Ergänzung zu jedem Getränk und jeder Smoothie-Bowl.

FÜR 1 PORTION

40 g gefrorene Drachenfruchtstücke
40 g gefrorene Mangostücke
180 ml Limonade
180 ml Kokosnusswasser
1 großzügige Handvoll Eiswürfel

1. Alle Zutaten im Standmixer 1 Minute auf hoher Stufe zu einer glatten Masse pürieren.
2. Ein 500-ml-Glas zur Hälfte mit Eiswürfeln füllen und die Fruchtmischung daraufgießen.

Pink Coconut Drink

Wetten, dass du in den sozialen Medien bereits unzählige Bilder dieses geheimnisvollen rosa Getränks gesehen hast? Auf den ersten Blick wirkt es vielleicht abschreckend kompliziert, aber dieses Rezept ist supereinfach. Frische Erdbeeren sind des Rätsels Lösung.

FÜR 1 PORTION

120 g plus 40 g frische Erdbeeren, gewaschen, entstielt und in Scheiben geschnitten
250 ml Kokosmilch mit Vanille-Aroma
1 EL getrockneter Hibiskustee
2 EL Kristallzucker
1 großzügige Handvoll Eiswürfel

1. 120 g Erdbeeren, Kokosmilch, Tee, Zucker und Eiswürfel im Standmixer 1 Minute auf hoher Stufe verarbeiten, bis keine großen Eisbröckchen mehr übrig sind.
2. In einem hohen Glas servieren und mit den restlichen Erdbeerscheiben garnieren.

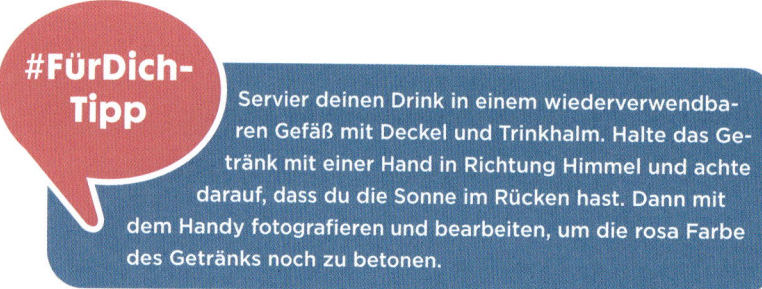

#FürDich-Tipp
Servier deinen Drink in einem wiederverwendbaren Gefäß mit Deckel und Trinkhalm. Halte das Getränk mit einer Hand in Richtung Himmel und achte darauf, dass du die Sonne im Rücken hast. Dann mit dem Handy fotografieren und bearbeiten, um die rosa Farbe des Getränks noch zu betonen.

Kapitel 3

Frühstücks-Hacks

#FürDich-Tipp

Achte beim Video für ein Smoothie-Bowl-Rezept, das #viral gehen soll, auf einen Standort bei einem Fenster oder einer guten Lichtquelle und nimm separate Clips der einzelnen Schritte dieses Rezepts auf. Versuch auch, den Blickwinkel möglichst oft zu ändern, damit das Video spannend bleibt. Filme beispielsweise das Eingießen in Normalsicht und das Hinzugeben der Toppings von oben. Schneide die besten Clips zusammen, lade sie hoch, füge einen witzigen Titel hinzu und vergiss die Trend-Hashtags nicht!

Smoothie-Bowl »Meerjungfrau«

Tschüss, normaler Smoothie – hallo, köstliche Smoothie-Bowl! Smoothie-Bowls sind dickflüssiger als der klassische Trink-Smoothie und bilden einen perfekten Untergrund für farbige Toppings in witzigen Mustern (schneide doch mal Bananenscheiben zu Sternen). Diese Bowl nach Meerjungfrauen-Art wird mit dem Algenpulver Blue Majik zubereitet, das voller Nährstoffe steckt und dem Smoothie eine leuchtend blaue Farbe verleiht. Gib essbare Perlen darauf und vervollständige den Look mit einem Meerjungfrauen-Schwanz und Muschelschalen.

FÜR 1 PORTION

2 große gefrorene Bananen

330 g gefrorene Ananasstücke

125 ml ungesüßte Kokosmilch

2 TL Blue Majik

25 g Knuspermüsli (ohne Früchte)

2 EL Chiasamen

½ Banane, geschält, in Scheiben geschnitten

40 g frische Erdbeeren, gewaschen, entstielt und klein geschnitten

2 EL Honig

1. Die gefrorenen Bananen in Stücke schneiden und mit Ananas, Kokosmilch und Blue Majik im Standmixer 45 Sekunden auf hoher Stufe pürieren. Mixer ausschalten, die Masse von den Wänden nach unten schieben und weitere 45 Sekunden pürieren, bis eine cremige Masse entstanden ist.

2. Den Smoothie mit einem weichen Silikonspatel in eine kleine Schüssel füllen.

3. Die Oberfläche mit dem Spatel glatt streichen und Knuspermüsli, Chiasamen, Bananenscheiben und Erdbeeren darauf verteilen. Mit Honig beträufeln.

Soufflé-Pfannkuchen aus der Heißluftfritteuse

Dies ist eine schnelle und einfache Version der angesagten, supertollen japanischen Soufflé-Pfannkuchen. Sie werden normalerweise auf dem Herd gebacken, und man braucht Zeit und Geduld. Hier aber stelle ich dir eine viel unkompliziertere Zubereitung für die luftigsten Pfannkuchen vor, die du je gegessen hast. Reiche Butter und Ahornsirup dazu oder Marmelade und frische Beeren.

FÜR 4 STÜCK

3 Eier (Größe L)
1 EL Pflanzenöl
2 EL Vollmilch
1 TL Vanilleextrakt

30 g Weizenmehl
1 TL Kristallzucker
1 TL weißer Essig

Sonstiges
Antihaft-Kochspray

1. Die Heißluftfritteuse auf 120 °C vorheizen. 4 Souffléförmchen mit Antihaft-Kochspray aussprühen.

2. Die Eier trennen. Das Eiweiß in eine mittelgroße Schüssel geben. 2 Eigelbe in eine weitere Schüssel geben. Das dritte Eigelb für eine andere Verwendung aufbewahren oder entsorgen.

3. Öl, Milch und Vanilleextrakt mit den Eigelben verrühren. Langsam das Mehl hineinsieben und gründlich vermengen.

4. Zucker und Essig zum Eiweiß geben. Mit dem Handmixer auf hoher Stufe 4 Minuten oder mit einem Schneebesen so lange aufschlagen, bis sich steife Spitzen bilden.

5. Eigelbmasse unter die Eiweißmasse ziehen. Achtung, nicht zu stark verrühren!

6. Teig in einen großen Gefrierbeutel füllen. Eine Ecke abschneiden, sodass ein 2–3 cm großes Loch entsteht.

7. Teig in kreisender Bewegung vorsichtig so hoch in die Auflaufförmchen füllen, dass 4 cm bis zum Rand frei bleiben.

8. Förmchen 10 Minuten in die Heißluftfritteuse stellen. Dann sofort servieren.

#FürDich-Tipp

Falls du dich dazu entscheidest, diese Pfannkuchen in den sozialen Medien zu teilen, mach unbedingt eine Zeitlupenaufnahme davon, wie du den Servierteller hin- und herbewegst. Die Soufflé-Pfannkuchen sind so luftig, dass sie wackeln!

Pink Protein Smoothie Bowl

Schön pink, köstlich und gut für dich! Dieser herrliche Smoothie steckt voller Proteine und hat eine wunderbar cremige Textur. Das wird garantiert kein wässriger Bowl-Reinfall.

FÜR 1 PORTION

165 g gefrorene Drachenfruchtstücke

120 g gefrorene Himbeeren

165 g gefrorene Mangostücke

125 ml ungesüßte Kokosmilch

3 EL Vanille-Proteinpulver

25 g Kokosflocken

2 EL Leinsaat

35 g Gojibeeren

1 große Kiwi, geschält, in Scheiben geschnitten

1. Gefrorene Früchte, Kokosmilch und Proteinpulver 2 Minuten lang im Standmixer zu einem sämigen Smoothie verarbeiten.

2. Smoothie mit einem weichen Silikonspatel in eine kleine Schale füllen und die Oberfläche glatt streichen.

3. Mit Kokosflocken, Leinsaat, Gojibeeren und Kiwi belegen.

Croissants mit Spekulatiuscreme

Dieses Rezept hebt Croissant-Fertigteig auf ein ganz neues Level, denn es verwandelt ihn in einen köstlichen Frühstückssnack. Der intensive Geschmack und die wunderbare Textur der Spekulatiuscreme steigern den Genuss noch.

FÜR 8 STÜCK

Fertigteig für 8 Croissants
4 EL Spekulatiuscreme
4 Spekulatius, zerstoßen

1. Den Ofen auf 190 °C Ober-/Unterhitze (Umluft: 170 °C) vorheizen.
2. Croissantteig entrollen, die Dreiecke voneinander lösen und auf das mit Backpapier ausgelegte Backblech legen.
3. In die Mitte jedes Dreiecks ½ EL Spekulatiuscreme geben und jeweils etwas zerstoßene Kekse daraufstreuen. Die Teigdreiecke von der breitesten Seite aus halbmondförmig aufrollen.
4. Croissants 10 Minuten im Ofen backen und noch warm servieren.

Nimm statt Spekulatiuscreme irgendeinen anderen Aufstrich, den du zur Hand hast! Oder probier mal, sie mit Käse zu füllen. 😊

Küchen-Hack

One-Pan-Frühstückssandwich

Mit diesen Schritt-für-Schritt-Anweisungen schaffst du den Frühstücks-#Hack, den du überall bei TikTok gesehen hast. Das Rezept ist ideal, wenn du nur eine einzige saubere Pfanne und keine Lust auf Spülen hast. (Und mal ehrlich, wer hat die *jemals*?)

FÜR 1 PORTION

2 Eier (Größe M)
¼ TL Salz
¼ TL schwarzer Pfeffer aus der Mühle
1 EL gesalzene Butter
2 Scheiben Weißbrot
2 Scheiben kräftiger Cheddar

1. Eier in einer mittelgroßen Schüssel mit dem Schneebesen verquirlen und mit Salz und Pfeffer würzen.

2. Eine große Pfanne auf mittlerer Stufe erhitzen und die Butter darin schmelzen.

3. Eier in die Pfanne gießen und die Pfanne am Griff leicht schwenken, damit die Eimasse sich gleichmäßig verteilt.

4. Brotscheiben auf die Eimasse legen und alles 2 Minuten braten.

5. Mit einem Spatel die Brote vorsichtig wenden und in 1 Minute fertig garen. Auf jede Brotscheibe 1 Scheibe Cheddar legen und schmelzen lassen.

6. Wenn die Eier gar sind und der Käse geschmolzen ist, die Brotscheiben zu einem Sandwich aufeinanderlegen.

Himbeerige Chiacreme

Haferbrei ist wirklich out! Dieses Frühstück lässt sich perfekt im Voraus zubereiten, damit du dich an Tagen, an denen du schwer aus dem Bett kommst, nicht mit dem Frühstück stressen musst. Mach die Creme einfach am Vorabend und stell sie über Nacht in den Kühlschrank.

FÜR 4 PORTIONEN

240 g frische Himbeeren, gewaschen

500 ml ungesüßte Kokosmilch

3 EL Ahornsirup

½ EL Vanilleextrakt

60 g Chiasamen

1. Himbeeren, Kokosmilch, Ahornsirup und Vanilleextrakt im Standmixer auf mittlerer Stufe 30 Sekunden lang pürieren.
2. Dann in eine mittelgroße Schüssel umfüllen und mit den Chiasamen vermengen.
3. Die Creme auf 4 kleine Gläser oder Gefäße verteilen. Abdecken und über Nacht kühl stellen.
4. Am nächsten Tag genießen oder bis zu 2 Tage im Kühlschrank aufbewahren.

Küchen-Hack

Chiacreme kann in jeder Geschmacksrichtung zubereitet werden, und zwar stets auf derselben Grundlage aus 500 ml Milch oder Pflanzendrink gemischt mit 60 g Chiasamen. Du kannst statt der Himbeeren 2 EL Kakaopulver nehmen für eine Schokocreme oder 2 TL Matcha-Pulver für eine grüne Creme mit Tee-Geschmack.

Arme-Ritter-Auflauf mit Schokotröpfchen

Dieses Rezept ist ideal für die Momente, in denen dir nach #Brunch zumute ist, du aber nicht dein ganzes Geld für ein Meer aus Sekt und O-Saft ausgeben oder aber einfach zu Hause bleiben willst. Die klassischen Armen Ritter sind recht anspruchsvoll in der Zubereitung, aber dieses Rezept ist ganz easy.

FÜR 4 PORTIONEN

6 Eier (Größe L)
420 ml ungesüßte Kondensmilch
450 ml gesüßte Kondensmilch
1 EL Vanilleextrakt
½ EL gemahlener Zimt
400 g Butterbrioche, in etwa 4 cm große Würfel geschnitten

170 g Milchschokoladetröpfchen
3 EL Puderzucker
125 ml Ahornsirup

Sonstiges
Antihaft-Kochspray

1. Eine 3-l-Auflaufform mit Antihaft-Kochspray aussprühen.
2. Eier, Kondensmilch, Vanilleextrakt und Zimt in eine große Schüssel geben und mit einem Handmixer auf mittlerer Stufe 5 Minuten oder mit einem Schneebesen so lange aufschlagen, bis das Gemisch eine cremige Konsistenz hat.
3. Briochewürfel hinzugeben und gut untermischen. Teig in die vorbereitete Auflaufform füllen, mit Schokotröpfchen bestreuen und einen Deckel auflegen oder die Form mit Plastikfolie bedecken. Über Nacht in den Kühlschrank stellen.
4. Ofen auf 190 °C Ober-/Unterhitze (Umluft: 170 °C) vorheizen. Auflaufform abdecken und Teig 30 Minuten im Ofen backen.
5. Auflauf aus dem Ofen nehmen und in Scheiben schneiden. Auf 4 großen Tellern anrichten, mit Puderzucker bestreuen und mit Ahornsirup beträufeln.

Hummus-Toast

Die meisten essen gerne einen guten Avocado-Toast, doch dank #foodTikTok haben wir neue Alternativen zu dem Brunch-Klassiker gefunden, zum Beispiel diesen leckeren Hummus-Toast.

FÜR 2 PORTIONEN

300 g Kichererbsen aus der Dose, abgegossen
2 EL Tahini
½ TL Knoblauchpulver
¼ TL grobes Salz
3 EL Olivenöl nativ extra
1 EL Zitronensaft
2 große Scheiben Sauerteigbrot
⅛ TL Paprikapulver
3 Stängel frische Petersilie, gewaschen

1. Kichererbsen, Tahini, Knoblauchpulver, Salz, 2 EL Öl und Zitronensaft in den Standmixer geben und 5 Minuten zu einer cremigen Masse verarbeiten.
2. Brot im Toaster nach Belieben rösten.
3. Jeweils eine Seite der Toastscheiben mit 3 EL Hummus bestreichen. Das restliche Olivenöl darüberträufeln und mit Paprikapulver und ein paar Petersilienblättern bestreuen. Den restlichen Hummus in einem luftdichten Behälter bis zu 1 Woche im Kühlschrank aufbewahren.

Ei-Lasagne

Bei diesem Rezept kommen alle Zutaten in eine Auflaufform und dem Ofen bleibt dann die meiste Arbeit. Das Ganze geht wirklich schnell und ist eine leckere Möglichkeit, um aus Eiern etwas besonders Geschmackvolles und Interessantes zu machen.

FÜR 2 PORTIONEN

3 Eier (Größe L)
⅛ TL Salz
¼ TL schwarzer Pfeffer aus der Mühle
230 g Mozzarella, klein geschnitten
90 ml Tomatensoße
30 g Schinkenwürfel

Sonstiges
Antihaft-Kochspray

1. Den Ofen auf 190 °C Ober-/Unterhitze vorheizen. Eine ca. 23 × 15 cm große Auflaufform mit Antihaft-Kochspray aussprühen.
2. Eier in einer mittelgroßen Schüssel mit dem Schneebesen verquirlen und mit Salz und Pfeffer würzen.
3. 170 g Käse hinzugeben und gut vermengen, dann das Gemisch in die vorbereitete Form gießen.
4. Auflauf 12 Minuten im Ofen backen.
5. Herausnehmen und Tomatensoße, restlichen Käse und Schinken auf dem Auflauf verteilen. Dann weitere 12 Minuten im Ofen backen.
6. Form aus dem Ofen nehmen und Grill auf hoher Stufe vorheizen. Auflauf 1 Minute überbacken.
7. Lasagne aus dem Ofen holen und 5 Minuten in der Form abkühlen lassen. Dann halbieren und auf 2 Tellern servieren.

Kartoffelwaffeln

Ein Waffeleisen kann mehr als nur süße Waffeln! Mit diesen würzigen, proteinreichen Kartoffelwaffeln kannst du die Möglichkeiten dieses Geräts ausloten. Einfach mit etwas Butter und einem Schuss leckerem Ahornsirup krönen.

FÜR 2 PORTIONEN

300 g geriebene Kartoffeln
2 Eier (Größe M)
2 EL gesalzene Butter, geschmolzen
110 g Mozzarella, klein geschnitten
¼ TL Salz
⅛ TL schwarzer Pfeffer aus der Mühle

Sonstiges
Antihaft-Kochspray

1. Waffeleisen auf mittlere bis hohe Stufe vorheizen und mit Antihaft-Kochspray besprühen.
2. In einer großen Schüssel alle Zutaten miteinander vermengen.
3. Die Hälfte der Masse in die Mitte des Waffeleisens geben und gleichmäßig verteilen.
4. Waffeleisen schließen und in 5 Minuten eine hellbraune und knusprige Waffel backen. Auf 1 Teller geben.
5. Vorgang mit der restlichen Kartoffelmasse wiederholen.

Küchen-Hack

Experimentiere mit weiteren Zutaten, wie du es bei einem Omelett machen würdest! Du kannst vor dem Backen noch etwas klein gewürfelten Speck oder Schinken oder klein geschnittenes Hähnchenfleisch in den Teig mischen. Gut schmeckt es auch mit Gemüse wie klein geschnittenen Zwiebeln, Tomaten oder Pilzen. Wer möchte, kann die gebackenen Waffeln auch mit Chilisoße oder Ranch-Dressing beträufeln. 😋

#FürDich-Tipp

Nimm unbedingt ein Video in Zeitlupe davon auf, wie du Ahornsirup auf die Pfannkuchen träufelst. Beim Titel darfst du den 🐼 nicht vergessen und arbeite mit trendiger Musik!

Panda-Pancakes

Mit diesen niedlichen Pfannkuchen geht dein Video garantiert viral. Sie ähneln den Pancake Cereal von Seite 68, das du sicher schon millionenfach gesehen hast, wurden aber ein bisschen abgewandelt.

FÜR 1 PORTION

Pfannkuchen-Backmischung, bei der nur Wasser zugegeben werden muss, für 1 Portion
Wasser gemäß Packungsangabe
1 TL schwarze Lebensmittelfarbe
3 EL Ahornsirup

Sonstiges
Antihaft-Kochspray

1. In einer mittelgroßen Schüssel Pfannkuchen-Backmischung und Wasser verrühren. Teig 5 Minuten ruhen lassen.
2. Pfanne auf niedriger Stufe erhitzen und gleichmäßig mit Antihaft-Kochspray einsprühen.
3. ¾ des Teiges in eine Quetschflasche füllen und beiseite stellen. Den restlichen Teig mit der Lebensmittelfarbe vermischen und in eine zweite Quetschflasche füllen.
4. Zuerst mit schwarzem Teig 3 kleine Kreise in die Pfanne drücken: 2 auf gleicher Höhe im Abstand von etwa 4 cm für die Augen und einen dritten etwa 3 cm tiefer in der Mitte zwischen den beiden ersten Kreisen. 1 Minute backen, dann mit dem ungefärbten Teig ein Oval mit etwa 10 cm Durchmesser formen, es bedeckt die schwarzen Kreise und bildet das Gesicht.
5. Wieder mit dem schwarzen Teig 2 Ohren links und rechts oben an das große Oval ansetzen. Wenn du deine Hand dabei zusätzlich abstützen musst, leg dir einen feuchten Lappen unter das Handgelenk.
6. Wenn die Teigschichten anfangen aufzugehen und der ungefärbte Teig an den Rändern allmählich goldfarben wird, Pfannkuchen vorsichtig mit einem kleinen Pfannenwender umdrehen. 45 Sekunden backen, dann herausnehmen und auf einen großen Teller legen. Vorgang mit dem restlichen Teig wiederholen.
7. Die Pfannkuchen auf einem großen Teller anrichten und mit Ahornsirup beträufeln.

Pancake Cereal

Einer der besten Trends 2020 waren die Müslis! Alles schmeckt besser, wenn es hübsch aussieht, und Miniversionen von Zubereitungen sind natürlich immer besonders niedlich.

FÜR 1 PORTION

Pfannkuchen-Backmischung, bei der nur Wasser zugegeben werden muss, für 1½ Portionen
Wasser gemäß Packungsangabe für 1 Portion
½ EL Butter
2 EL Ahornsirup
60 ml Vollmilch

Sonstiges
Antihaft-Kochspray

1. In einer mittelgroßen Schüssel Pfannkuchen-Backmischung und Wasser mit dem Schneebesen verrühren. Teig 5 Minuten ruhen lassen.
2. Pfanne auf niedrigster Stufe erhitzen und gleichmäßig mit Antihaft-Kochspray einsprühen.
3. ¾ des Teiges in eine Quetschflasche füllen und damit runde Pfannküchlein mit 4 cm Durchmesser in die Pfanne setzen.
4. 1 Minute backen, dann die Pfannkuchen wenden. Weitere 45 Sekunden backen, danach in eine mittelgroße Schüssel geben. Vorgang mit dem restlichen Teig wiederholen.
5. Butter auf die Pfannkuchen geben und schmelzen lassen. Mit Ahornsirup beträufeln und die Milch zugeben.

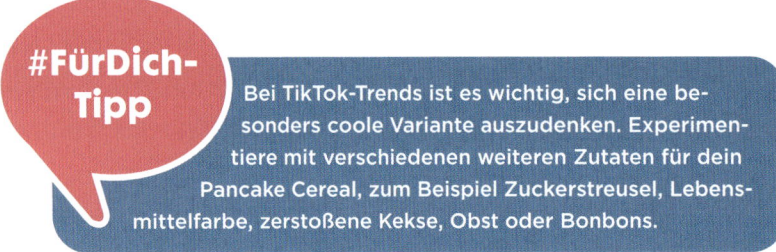

#FürDich-Tipp: Bei TikTok-Trends ist es wichtig, sich eine besonders coole Variante auszudenken. Experimentiere mit verschiedenen weiteren Zutaten für dein Pancake Cereal, zum Beispiel Zuckerstreusel, Lebensmittelfarbe, zerstoßene Kekse, Obst oder Bonbons.

Avocado-Eier aus dem Ofen

Eier gehören zum Frühstück wie Avocados zu TikTok. Am besten kombinierst du beides mit diesen cremigen Avocado-Eiern aus dem Ofen. Wer es aromatischer mag, gibt angebratene Schinkenwürfel dazu.

FÜR 2 STÜCK

1 große Avocado, halbiert, ohne Kern
2 Eier (Größe M)
¼ TL Salz
¼ TL schwarzer Pfeffer aus der Mühle

1. Den Ofen auf 200 °C Ober-/Unterhitze (Umluft: 180 °C) vorheizen.
2. Mit einem Löffel etwa 1 EL Fruchtfleisch aus den Avocadohälften herausnehmen, sodass das Loch in der Mitte größer wird. Das entfernte Fruchtfleisch entsorgen oder für eine andere Verwendung aufbewahren.
3. Über jeder Avocadohälfte 1 Ei so aufschlagen, dass das Eigelb das Loch füllt. Mit Salz und Pfeffer bestreuen.
4. Avocadohälften auf ein ungefettetes Backblech setzen. Wenn das Eigelb noch sehr weich sein soll, 12 Minuten im Ofen backen, für ein festeres Eigelb 15 Minuten.

Toast mit Avocado-Rose

Manche finden Avocado-Toast zu #einfach, das muss er aber nicht sein. Mach für den nächsten Brunch mehr daraus und beeindrucke deine Freunde mit diesem 🔥 Toast mit Avocado-Rose. Verziere ihn noch mit ein paar frischen Blüten, das sieht sehr hübsch aus.

FÜR 1 PORTION

1 große Avocado, geschält, ohne Kern, in dünne Scheiben geschnitten
1 große Scheibe Sauerteigbrot
1 EL Olivenöl nativ extra
1 TL Limettensaft
⅛ TL Chiliflocken
⅛ TL Salz

1. Die Avocadoscheiben zu einem schrägen Strang aneinanderlegen. Das Ende des Strangs vorsichtig nach innen drehen und die Drehung fortsetzen, bis die Scheiben eine Rosenblüte ergeben.

2. Das Brot nach Geschmack toasten und die Avocado-Rose darauf platzieren. Mit Öl und Limettensaft beträufeln und mit Chiliflocken und Salz bestreuen.

Schinkensandwiches aus Brötchenteig

Noch eine gute Einsatzmöglichkeit für dein Waffeleisen! Bei diesem Blitzrezept kommt Fertigteig für Brötchen zum Einsatz. Doch das Ganze schmeckt um vieles besser als jedes Sandwich aus einem Fast-Food-Restaurant und wird auch deine Follower definitiv beeindrucken.

FÜR 4 STÜCK

Fertigteig für 8 Brötchen
2 dicke Scheiben Kochschinken, halbiert
2 Scheiben kräftiger Cheddar, halbiert

Sonstiges
Antihaft-Kochspray

1. Waffeleisen auf mittlere Stufe vorheizen und mit Antihaft-Kochspray einsprühen. Die Fertigbrötchen-Teiglinge voneinander trennen.

2. In die Mitte des Waffeleisens 1 Brötchen setzen und mit 1 Stück Schinken und 1 Stück Käse belegen. Ein zweites Brötchen darauflegen, sodass ein Sandwich entsteht. Waffeleisen schließen und Sandwich 4 Minuten backen. Die Schritte wiederholen und insgesamt 4 Sandwiches backen. Wenn dein Waffeleisen groß genug ist, kannst du 2 Sandwiches gleichzeitig backen.

#FürDich-Tipp

Wenn man etwas im Waffeleisen backt, eignet sich das gut für ein tolles #ASMR-Video. ASMR (autonome Sinnesreaktion) bezeichnet die Reaktion deines Körpers auf Wahrnehmungen, die er zum Beispiel appetitlich findet, etwa das Knacken beim Hineinbeißen in ein Brötchen oder das Zischen eines Waffeleisens, wenn der kalte Teig auf die heiße Platte trifft. Überlege, welche Geräusche die verschiedenen Dinge verursachen und welche bei dir den Wunsch auslösen, sie zu essen. Konzentriere dich darauf und versuche, genau das einzufangen, indem du in einem stillen Raum filmst und das Handy etwas näher als sonst an das Essen hältst.

Kapitel 4

Schnelle und einfache Snacks

Scharfe Mozzarella-Sticks aus der Heißluftfritteuse

Hier kommt eine feurige Variante des in Schnellrestaurants beliebten Snacks. ✨ Achte darauf, dass der Käse bis zur Verarbeitung im Kühlschrank bleibt, damit er möglichst lange kalt ist. Du isst nicht gern scharf? Dann nimm die normalen statt der scharfen Käsestangen.

FÜR 4 STÜCK

1–2 Handvoll scharfe Käsestangen
1 Ei (Größe L)
3 EL Weizenmehl
4 breite Streifen Mozzarella

1. Heißluftfritteuse auf 190 °C vorheizen.
2. Die Käsestangen im Standmixer etwa 45 Sekunden hacken oder in einen Gefrierbeutel füllen und mit dem Nudelholz zerkrümeln.
3. Die Krümel in eine mittelgroße Schüssel schütten. Das Ei in einer zweiten Schüssel mit einer Gabel verquirlen und das Mehl auf einen Teller geben.
4. Die Mozzarellastreifen jeweils zuerst im Mehl wenden, dann im Ei und schließlich in den Käsestangenkrümeln. Vorsichtig noch einmal im Ei und in den Bröseln wenden.
5. Die fertig panierten Sticks vorsichtig in einen ungefetteten Heißluftfritteusekorb legen. Dabei darauf achten, dass sie nicht zu eng beieinander liegen. 4 Minuten frittieren, bis sie außen knusprig und innen geschmolzen sind.

#FürDich-Tipp

Wenn dein Video auf TikTok viral gehen soll, dann musst du etwas Ausgefallenes wagen, das für Diskussionen sorgt. Gib diesem Rezept eine eigene Note, die auch Kritiker auf den Plan ruft. Nimm zum Beispiel statt der Käsestangen Kartoffelchips mit Dill. Manche werden diese Kombi lieben, andere nicht, aber man wird definitiv darüber reden.

Pizzateilchen mit Salami

Wenn Mozzarella, Pizzasoße und Salami zusammentreffen, gibt das eigentlich immer ein Lieblingsgericht. Und mal ehrlich, wer isst nicht gerne einen Snack, der nach Pizza schmeckt? Hier kommt die Anleitung für einen heiß geliebten Snack.

FÜR 4 PORTIONEN

Fertigteig für 8 Croissants
4 breite Streifen Mozzarella
125 ml Pizzasoße
24 Salamischeibchen
3 EL gesalzene Butter, geschmolzen
1 TL Knoblauchpulver
1 TL getrocknete Petersilie

1. Den Ofen auf 180 °C Ober-/Unterhitze vorheizen (Umluft: 160 °C). Ein großes Backblech mit Backpapier auslegen.
2. Den Croissantteig entrollen, die Dreiecke trennen und jeweils 2 Dreiecke auf dem Backblech zu einem Rechteck zusammenlegen. An den Rändern und in der Mitte zusammendrücken, sodass insgesamt 4 Rechtecke entstehen.
3. In die Mitte der Rechtecke jeweils 1 Stück Mozzarella legen und mit 1 EL Pizzasoße bestreichen. Je 6 Salamischeiben auf die Soße legen.
4. Die kürzeren Seiten der Pizza-Rechtecke nach innen falten und leicht andrücken, um die Enden der Käsestäbchen zu bedecken. Dann den Teig von der langen Seite her aufrollen.
5. In einer kleinen Schüssel Butter, Knoblauchpulver und Petersilie verrühren. Die Pizzateilchen mit einem Kochpinsel behutsam mit der Soße bestreichen.
6. Pizzateilchen im Ofen in 10 Minuten goldbraun backen.
7. Auf einem großen Teller mit der restlichen Pizzasoße zum Dippen servieren.

#FürDich-Tipp

Bei diesem Rezept geht es auch darum, dass der Käse Fäden zieht! 🤗 Ich habe ein Video von mir, in dem ich ein Pizza-Teilchen mit beiden Händen durchbreche und meine Arme ausbreite, so weit ich kann. Der Käse hätte sich noch weiter ziehen lassen, wenn meine Arme dafür ausgereicht hätten! Film dich unbedingt beim »Käseziehen« und beim Essen, wenn du dieses Rezept postest.

Gouda aus der Heißluftfritteuse

Wenn du den beliebten krossen Käse aus der Heißluftfritteuse noch eine Klasse besser machen und deine Freunde und Follower beeindrucken willst, solltest du dich an diesem Rezept orientieren. Du brauchst keine ausgefallene Käseplatte, mit diesem einfachen Rezept triffst du definitiv ins Schwarze.

FÜR 3 PORTIONEN

240 g Croissant-Fertigteig
240 g Gouda am Stück, Zimmertemperatur
1 Ei (Größe S)
1 EL Olivenöl nativ extra

1. Die Heißluftfritteuse auf 130 °C vorheizen. Frittierkorb mit Backpapier auslegen.
2. Den Teig entrollen und dabei ganz lassen. Die Teigplatte flach auf ein Schneidebrett legen.
3. Die Käserinde entfernen und den Käse in die Mitte der Teigplatte setzen.
4. Teig vorsichtig über den Käse legen und den Käse ganz damit umhüllen. Überschüssigen Teig mit einem Messer abschneiden und entsorgen. Den eingepackten Käse umdrehen.
5. In einer kleinen Schüssel Ei und Öl mit einer Gabel verquirlen.
6. Die Oberseite des Käses mithilfe eines Pinsel mit dem Eigemisch bestreichen, dabei darauf achten, dass alle Seiten gut bestrichen sind.
7. Käse auf das Backpapier setzen und 12 Minuten in der Fritteuse backen, bis die Kruste goldbraun und der Käse geschmolzen ist.
8. Käse auf einem Teller servieren und sofort mit der Gabel essen.

Knoblauchbrot »Schildkrötenpanzer«

Sauerteigbrot ist derzeit in aller Munde, und ich weiß auch, warum – es schmeckt einfach köstlich! Klar mögen es die Viewer genauso, wie es ist, hier aber kommt die Anleitung, wie du daraus ein atemberaubendes Käsegericht zauberst, das wie ein Schildkrötenpanzer aussieht.

FÜR 4 PORTIONEN

1 runder Laib Sauerteigbrot
55 g gesalzene Butter, geschmolzen
1 TL Knoblauchpulver
¼ TL Zwiebelpulver
½ TL getrocknete Petersilie

⅛ TL schwarzer Pfeffer aus der Mühle
5 Käsesticks, in je 4 Stücke geschnitten
85 g Mozzarella, klein geschnitten
30 g geriebener Parmesan

1. Den Ofen auf 200 °C Ober-/Unterhitze (Umluft: 180 °C) vorheizen. Ein großes Backblech mit Backpapier auslegen.
2. Mit einem Wellenschliffmesser den Brotlaib im Abstand von ca. 5 cm mehrmals bis zur halben Höhe einschneiden. Den Laib um 90° drehen und erneut einschneiden, sodass ein gitterartiges Muster entsteht.
3. Brotlaib auf das vorbereitete Backblech setzen.
4. In einer kleinen Schüssel Butter, Knoblauchpulver, Zwiebelpulver, Petersilie und Pfeffer vermengen.
5. Mit einem Pinsel die Oberfläche des Brotlaibs leicht mit der Würzbutter bestreichen.
6. In die eingeschnittenen Spalten im Brotlaib Käsestick-Stücke stecken und mit den Fingern hineindrücken. Mozzarella dazugeben und ebenfalls leicht hineindrücken. Vorgang mit Parmesan wiederholen.
7. Nun Brot 8 Minuten im Ofen backen, bis der Käse geschmolzen ist und eine Kruste bildet.
8. Brot auf einem großen Teller servieren und mit den Fingern Stücke abreißen.

Bananenbrot aus der Heißluftfritteuse

Bananenbrot! 2020 hatte man das Gefühl, dass wirklich jeder Mensch dieses Brot backt. Mein Problem dabei ist nur, dass es ziemlich lange im Ofen braucht und ich es am liebsten immer gleich essen würde. Und nun rate mal, was mir eingefallen ist. In der Heißluftfritteuse dauert das Ganze nur halb so lange, also keine endlose Warterei mehr, bis man dieses Schmankerl genießen kann.

FÜR 4 PORTIONEN

3 große reife Bananen, geschält und zerdrückt
2 Eier (Größe M)
5 EL Rapsöl
1 TL Vanilleextrakt

130 g Weizenmehl
210 g Kristallzucker
½ EL Backsoda
1 EL grobes Salz
50 g Vanillepuddingpulver

50 g Vollmilchschokolade, geraspelt

Sonstiges
Antihaft-Kochspray

1. Die Heißluftfritteuse auf 180 °C vorheizen. Eine Kasten- oder Gugelhupfform mit Antihaft-Kochspray aussprühen.

2. In einer großen Schüssel die zerdrückten Bananen mit den Eiern, Öl und Vanilleextrakt vermengen.

3. In einer zweiten Schüssel alle trockenen Zutaten mit einem Schneebesen vermischen.

4. Die trockenen Zutaten zur Bananenmasse geben und mit der Hand vermengen. Die Schokostückchen unter den Teig heben.

5. Teig in die gefettete Form füllen und diese in den Korb der Heißluftfritteuse stellen. 20 Minuten backen, bis das Brot gebräunt ist. Wenn man einen Zahnstocher in die Mitte des Brotes einsticht und kein Teig daran haften bleibt, ist es fertig.

6. Vor dem Servieren mindestens 20 Minuten abkühlen lassen. Dann mit einem Wellenschliffmesser aufschneiden.

> **Küchen-Hack**
> Keine Angst vor dem Backen in der Heißluftfritteuse! Du kannst im Grunde jedes Backrezept mit der Heißluftfritteuse zubereiten, es wird genauso gut gelingen und die Backzeit ist kürzer. Wenn du ein normales Rezept für die Heißluftfritteuse anpassen möchtest, musst du die Temperatur um 15 °C und die Backzeit um etwa 20 Prozent reduzieren.

Schnelle Bagels

Frische Bagels sind supereinfach zu machen! Aus diesem Basisrezept kannst du alle möglichen Geschmacksrichtungen und Variationen zubereiten. Bestreu den Teig zum Beispiel mit Zimt und gib etwas Zucker hinzu, schon hast du einen süßen Bagel.

FÜR 8 STÜCK

Für die Bagels
260 g Weizenmehl plus mehr für die Arbeitsfläche
1 EL Backpulver
½ TL Salz
250 ml griechischer Joghurt

Für das Topping
1 Ei (Größe L)
1 EL Wasser
1 EL Sesam
1 EL Mohn
1 Prise Knoblauchpulver
1 Prise Zwiebelpulver
grobes Salz

1. Heißluftfritteuse auf 180 °C vorheizen. Den Korb mit Backpapier auslegen.
2. In einer großen Schüssel Mehl, Backpulver, Salz und Joghurt vermengen. Den Teig auf eine leicht bemehlte Arbeitsfläche stürzen und mit den Händen gut verkneten. Wenn der Teig zu trocken ist, mehr Joghurt zufügen, ist er zu feucht, mehr Mehl einkneten.
3. Den Teig in 8 gleich große Stücke teilen. Jeden Teigling zu einer Kugel formen und mit den Daumen jeweils ein Loch in die Mitte drücken. Teig etwas flach drücken zur typischen Bagel-Form.
4. 4 Bagels in den vorbereiteten Korb legen. Der Korb darf nicht zu voll sein!
5. In einer kleinen Schüssel Ei und Wasser mit der Gabel verquirlen. Die Bagels damit bestreichen und mit der Gewürzen bestreuen.
6. Die Bagels 12 Minuten in der Fritteuse backen. Vor dem Servieren 5 Minuten abkühlen lassen. Vorgang mit den restlichen Bagels wiederholen.

> **Küchen-Hack**
> Damit Bagels, Croissants, gedeckte Kuchen und alle anderen Backwaren eine schöne goldbraune Farbe bekommen, verquirlst du 1 Ei mit 1 EL Wasser und bestreichst den Teig vor dem Backen damit.

Tassen-Pizza

Bestimmt hast du schon Unmengen von »Tassen-Desserts« gesehen, die in der Mikrowelle gemacht werden, aber wie sieht es mit herzhaften Naschereien aus? Diese Tassen-Pizza wird dich (und deine Viewer) überzeugen!

FÜR 1 PORTION

8 runde Cracker
1½ EL Pizzasoße
⅓ EL Butter, geschmolzen
40 g Mozzarella, klein geschnitten
1 EL Minisalamischeiben

Sonstiges
Antihaft-Kochspray

1. Eine mikrowellengeeignete Tasse mit Antihaft-Kochspray aussprühen. Cracker, Soße und Butter hineingeben. Die Zutaten mit einer Gabel zerdrücken und vermengen.

2. 2 EL Käse beiseite stellen, den Rest auf die Cracker-Masse streuen und gut vermengen. Den restlichen Käse darauf streuen und die Salamischeibchen darauflegen.

3. Die Tasse 2 Minuten auf mittlerer bis hoher Stufe in die Mikrowelle geben.

4. Pizza erst 3 Minuten abkühlen lassen, dann gleich aus der Tasse essen.

> **#FürDich-Tipp**
>
> Dies ist eine der Kreationen, die extrem polarisieren – und deswegen empfehle ich dir, sie auf TikTok zu posten! Warum? Nun, viele Menschen haben ihre ganz eigene Meinung dazu und werden Kommentare schreiben. Das aber ist der Schlüssel, um seine Viewer in den sozialen Netzwerken erfolgreich anzusprechen. Mit diesem Gericht erreichst du genau das. Bleib aber bei deinen Antworten immer höflich und lass dich nicht von Internet-Trollen provozieren!

Garten-Focaccia

Sauerteigbrot war 2020 ein großer Trend, aber Focaccia geht viel einfacher und lässt sich an alle Geschmäcker anpassen! Mit Tomaten, Paprika und Kräutern kannst du ein märchenhaftes Brot gestalten, das die Viewer lieben werden. Probier Oliven statt Tomaten oder gestalte »Zwiebelblüten«. Für Blätter und Stängel kannst du Petersilie, Oregano, Schnittlauch, Rosmarin und Basilikum ausprobieren.

FÜR 6 PORTIONEN

- 375 ml warmes Wasser (etwa 50 °C)
- 1 EL Trockenhefe
- 2 TL Kristallzucker
- 450 g Pizzamehl Type 00
- 6 EL Olivenöl nativ extra
- 1½ TL grobes Salz
- 4 mittelgroße Traubentomaten, halbiert
- 2 kleine Paprikaschoten, ohne Kerne, in Ringe geschnitten
- 15 g frische Petersilie
- 3 Zweige Rosmarin
- 10 frische Basilikumblätter (mit Stielen)

1. Wasser in eine mittelgroße Schüssel geben. Hefe und Zucker darin vermischen. Zugedeckt 10 Minuten gehen lassen, bis sich an der Oberfläche Schaum bildet.

2. Die Hälfte des Mehls in die Küchenmaschine geben, das Hefegemisch sowie 3 EL Öl zufügen. Bei mittlerer bis niedriger Geschwindigkeit mit dem Flachrührer 1 Minute lang rühren. Das restliche Mehl zugeben, bei mittlerer bis niedriger Geschwindigkeit 3 weitere Minuten rühren, dabei ein- oder zweimal anhalten und Teigreste von den Innenwänden des Gefäßes mit einem Spatel nach unten schieben. Der Teig sollte leicht kleben, sich aber vom Rührer lösen; falls nicht, noch 35 g Mehl einarbeiten.

3. Eine 30 × 20 cm große Backform mit 1 EL Öl einfetten. Den Teig hineingeben und flach drücken. Mit einem Tuch bedeckt 1 Stunde an einem warmen Ort ruhen lassen. Der Teig sollte sein Volumen verdoppeln. Teig etwas flach drücken und mit Fingern Löcher hineindrücken.

4. Den Ofen auf 200 °C Ober-/Unterhitze (Umluft: 180 °C) vorheizen. Focaccia mit dem restlichen Öl bepinseln und mit Salz bestreuen. Tomatenhälften (Schnittfläche nach unten) und Paprikaringe darauf verteilen, mit Petersilie Blumenstiele legen. Rosmarinzweige und Basilikumblätter darauf verstreuen.

5. Focaccia im Ofen 20 Minuten hellgelb backen und 10 Minuten ruhen lassen.

Küchen-Hack

Das italienische Pizzamehl Type 00 ist mitunter schwer zu finden, am ehesten in italienischen Feinkostläden. Es handelt sich um das Mehl, das auch in neapolitanischer Pizza und anderen traditionell italienischen Zubereitungen wie Pasta verwendet wird. Das Besondere daran ist der feine Mahlgrad – der feinste, den es gibt. 👁️👄👁️ Falls du kein Pizzamehl bekommst, kannst du stattdessen Weizenmehl nehmen.

Cloud Bread

Dieses Brot ist bei Leuten beliebt, die auf Kohlenhydrate verzichten wollen, daher ist es bei TikTok gerade der Renner. Du musst es dir wie ein leichtes, fluffiges Brot vorstellen, das von der Textur her an ein luftiges Soufflé erinnert. Bei deiner eigenen Kreation kannst du ganz nach Belieben den Vanilleextrakt gegen jedes beliebige andere Aroma austauschen, zum Beispiel Mandel-, Zitronen- oder Orangenextrakt. Du kannst auch etwas Lebensmittelfarbe hinzugeben, dann sieht das Cloud Bread hübscher aus, und Streusel, Nussblättchen oder Schokostreusel darauf streuen.

FÜR 1 PORTION

3 Eiweiße (Größe M), Zimmertemperatur
1 TL Vanilleextrakt
1½ EL Maisstärke
2 EL Kristallzucker

1. Den Ofen auf 150 °C Ober-/Unterhitze (Umluft: 130 °C) vorheizen. Ein kleines Backblech mit Backpapier auslegen.

2. Eiweiß und Vanilleextrakt in eine mittelgroße Schüssel geben und mit einem Handmixer auf mittlerer bis hoher Stufe etwa 3 Minuten oder mit einem Schneebesen so lange aufschlagen, bis sich weiche Spitzen bilden.

3. Maisstärke mit einem Spatel unterheben. Zucker hinzugeben und ebenfalls mit dem Spatel unterheben.

4. ⅓ der Eiweißmasse in die Mitte des vorbereiteten Backblechs setzen. Wiederum ⅓ daraufhäufen und schließlich den restlichen Teig daraufgeben. Mit der Spatelkante den Teig zu einer Kuppel formen.

5. Brot 20 Minuten im Ofen backen, bis es schön aufgegangen und goldbraun ist.

6. Aus dem Ofen nehmen und 2 Minuten abkühlen lassen, dann mit den Händen in der Mitte auseinanderbrechen.

Muffin-Müsli

Pancake Cereal (siehe Seite 68) war im Jahr 2020 und in den Anfängen von TikTok etwas ganz Neues und löste den Trend aus, Miniversionen aller möglichen Esswaren herzustellen. Eine besonders hübsche und leckere Variante ist das Muffin-Müsli!

FÜR 4 PORTIONEN

260 g Weizenmehl
3 TL Backpulver
210 g Kristallzucker
3 EL Rapsöl
¼ TL Salz
1 Ei (Größe M)
310 ml Vollmilch
60 g Mini-Schokotröpfchen

Sonstiges
Antihaft-Kochspray

1. Den Ofen auf 200 °C Ober-/Unterhitze (Umluft: 180 °C) vorheizen. Eine Silikonform mit 35 Mulden für die Herstellung von Pralinen mit Antihaft-Kochspray aussprühen. Alternativ ein Mini-Muffin-Blech benutzen.
2. In einer großen Schüssel Mehl, Backpulver, Zucker, Öl, Salz, Ei und 250 ml Milch mit dem Schneebesen verquirlen.
3. Teig in einen Spritzbeutel geben und in die Mulden der Form füllen.
4. Die Schokotröpfchen gleichmäßig auf dem Teig verteilen und die Muffins 8 Minuten im Ofen backen.
5. Aus dem Ofen nehmen und 5 Minuten abkühlen lassen. Muffins aus der Form lösen und auf 4 Müslischalen verteilen. Mit der restlichen Milch übergießen und sofort verzehren.

Eiscreme-Brot

Hier kommt wieder ein supercooles Rezept für dich, denn man kann Brot auch gut ohne Hefe backen. Die benötigten Zutaten hast du bestimmt im Vorrat, und so kannst du schnell ein leckeres Brot zaubern, das schon fast ein Kuchen ist.

FÜR 6 SCHEIBEN

500 ml geschmolzenes Vanilleeis
160 g Mehl
1½ TL Backpulver
⅛ TL Salz

Sonstiges
Antihaft-Kochspray

1. Den Ofen auf 180 °C Ober-/Unterhitze (Umluft: 160 °C) vorheizen. Eine Brotform in der Größe von 23 × 13 × 7 cm mit Antihaft-Kochspray aussprühen.
2. In einer großen Schüssel alle Zutaten mit einem Spatel vermengen.
3. Teig in die vorbereitete Brotform füllen. Die Form mit beiden Händen packen und fest auf eine stabile Fläche stoßen, damit eventuelle Luftbläschen verschwinden.
4. Das Brot 35 Minuten im Ofen backen.
5. Brot aus dem Ofen nehmen und 15 Minuten abkühlen lassen. Mit einem Wellenschliffmesser in 6 etwa 4 cm dicke Scheiben schneiden.

Küchen-Hack

Vanille ist nicht so dein Ding? Dann nimm stattdessen eine deiner Lieblingseissorten (oder was du gerade in der Kühltruhe hast). Es kann etwas Einfaches sein wie Schokoeis oder ein besonderes #EXTRA ✨ wie Zuckerwatte- oder Schokoeis mit gehackten Mandeln und Marshmallowstückchen.

Pizzawaffeln mit Mini-Salami

Verpass diese herzhaften Waffeln nicht! Ich wiederhole: Verpass diese herzhaften Waffeln nicht! Sie lassen sich schnell zubereiten und sind ein köstlicher Snack. Waffeleisen sind wirklich vielfältig einsetzbar, wenn du dich darauf einlässt.

FÜR 4 PORTIONEN

Pfannkuchen-Backmischung, bei der nur Wasser zugegeben werden muss, für 4 Portionen
Wasser gemäß Packungsangabe
60 g geriebener Parmesan
½ TL getrocknete italienische Kräuter
⅛ TL Salz
110 g Mozzarella, klein geschnitten
1 kleine Handvoll Mini-Salamischeiben
125 ml Tomatensoße

Sonstiges
Antihaft-Kochspray

1. In einer mittelgroßen Schüssel Pfannkuchen-Backmischung und Wasser mit dem Schneebesen verquirlen. Teig 5 Minuten ruhen lassen.
2. Waffeleisen auf mittlerer bis hoher Stufe vorheizen.
3. Parmesan, italienische Kräuter und Salz zum Teig geben und verrühren.
4. Waffeleisen mit Antihaft-Kochspray einsprühen und 60 ml Teig hineingeben. 2 TL Mozzarella daraufstreuen, 2 weitere EL Teig über den Käse gießen. Ein paar Salamischeibchen auflegen und das Waffeleisen schließen.
5. Die Waffel 4 Minuten backen, dann auf einen großen Teller geben. Vorgang mit den restlichen Zutaten wiederholen.
6. Mit Tomatensoße zum Dippen servieren.

Knusprige Käselaibe

Mozzarellasticks sind ein echter Klassiker, doch was, wenn du mal keine vorrätig hast oder mal etwas anderes ausprobieren möchtest? Dann nimmst du runde Mini-Käselaibe – auch die schmecken superlecker!

FÜR 6 STÜCK

1 großzügige Handvoll Tortillachips mit Käse
1 Ei (Größe L)
3 EL Weizenmehl
6 Mini-Käselaibe

1. Die Heißluftfritteuse auf 190 °C vorheizen.
2. Tortillachips im Mixer etwa 30 Sekunden zerkleinern oder in einen großen Gefrierbeutel füllen und mit dem Nudelholz zerkrümeln.
3. Tortillakrümel in eine mittelgroße Schüssel schütten, das Ei in einer zweiten Schüssel mit der Gabel verquirlen und das Mehl auf einen Teller geben. Die Käselaibe aus ihrer Wachshülle nehmen.
4. Käselaibe nacheinander in Mehl und dann in Ei wenden, dabei darauf achten, dass auch die Ränder vollständig bedeckt sind. Nun in den Krümeln wälzen. Vorsichtig noch einmal in Ei und wieder in Krümeln wenden.
5. Die Käselaibe vorsichtig in den ungefetteten Korb der Heißluftfritteuse legen, dabei etwas Abstand zueinander lassen. 4 Minuten backen, bis sie außen knusprig und innen geschmolzen sind.
6. Auf einen großen Teller geben und 2 Minuten abkühlen lassen, dann sofort verzehren.

Tassen-Zimtschnecke

Ich probiere gerne aus, was man alles in der Tasse machen kann. Brownies, Gebäck und Kuchen sind einfach, aber hast du schon mal was von einer Tassen-Zimtschnecke gehört? Hier kommt das allerfeinste Tassen-Rezept.

FÜR 3 STÜCK

1 Ei (Größe M)
1 EL Kristallzucker
3 EL Vollmilch
1 EL Vanilleextrakt
Pfannkuchen-Backmischung, bei der nur Wasser zugegeben werden muss, für 3 Portionen
Wasser gemäß Packungsangabe

1½ EL Weizenmehl plus mehr für die Arbeitsfläche
1 EL Butter, geschmolzen
2 EL brauner Zucker
½ TL gemahlener Zimt
1 TL Wasser
4 EL Puderzucker

1. In einer mittelgroßen Schüssel Ei, Kristallzucker, 2 EL Milch und Vanilleextrakt mit dem Schneebesen verquirlen. Pfannkuchen-Backmischung und Wasser nach Packungsangabe hinzugeben und verrühren.

2. Die Arbeitsfläche mit Mehl bestäuben, den Teig daraufgeben und mit den Händen glatt kneten. Zu einem etwa 20×15 cm großen Rechteck ausrollen. Die Kanten mit einem Messer gerade schneiden.

3. In einer kleinen Schüssel Butter, braunen Zucker und Zimt verrühren. Mit einem Spatel gleichmäßig auf dem Teig verstreichen.

4. Teig aufrollen und in 3 gleich große Stücke schneiden.

5. Die Rollen jeweils in mikrowellengeeignete Tassen setzen. Mit Wasser besprenkeln und bei 50 Prozent 1 Minute und 45 Sekunden in der Mikrowelle backen.

6. Tassen herausnehmen und 3 Minuten abkühlen lassen.

7. In einer kleinen Schüssel Puderzucker und die restliche Milch verrühren. Guss über die abgekühlten Zimtschnecken träufeln und Schnecken direkt aus den Tassen löffeln.

Pull-Apart-Knoblauchbrötchen

Alle Kombinationen von Käse und Brot sind köstlich, vor allem aber Käsebrot. Diese Käsebrötchen mit Knoblauch haben einen ganz besonderen Platz in meinem Herzen: Es gibt einfach *kein* besseres Wohlfühlessen. Dieses Rezept ist auch super zum Teilen mit deinen Viewern, denn es geht leicht, schmeckt aber großartig.

FÜR 8 STÜCK

Fertigteig für 8 Brötchen
¼ EL Butter, geschmolzen
½ TL Knoblauchpulver
½ TL getrocknete Petersilie
240 g Mozzarella, klein geschnitten

Sonstiges
Antihaft-Kochspray

1. Den Ofen auf 190 °C Ober-/Unterhitze (Umluft: 170 °C) vorheizen. 8 Mulden eines Muffinblechs mit Antihaft-Kochspray aussprühen.
2. Den Fertigteig auspacken, die 8 Brötchen voneinander trennen und jeweils in Viertel schneiden.
3. In einer großen Schüssel Butter, Knoblauchpulver und Petersilie vermengen. Die Brötchenviertel darin wenden und gut mit der Würzbutter überziehen.
4. 2 Teigviertel in jede Muffinmulde legen und mit den Fingern leicht andrücken. Jeweils 30 g Mozzarella auf dem Teig verteilen und 2 weitere Teigviertel obenauf setzen und wiederum leicht andrücken.
5. Brötchen 15 Minuten im Ofen backen.
6. Die Brötchen 10 Minuten abkühlen lassen, dann aus dem Muffinblech heben.

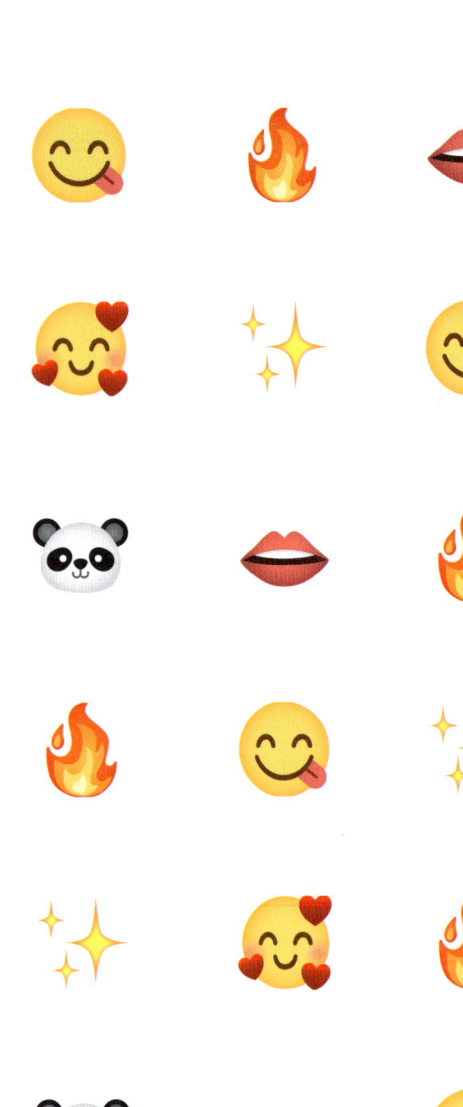

Kapitel 5

Mittag- und Abendessen

Ramen-Nudeln de Luxe

Ramen-Nudeln sind das ultimative günstige Essen, aber sie werden schnell langweilig. Mit diesem einfachen Rezept wird daraus ein leckeres und besonderes Gericht, das man auch gut teilen kann.

FÜR 1 PORTION

1 Ei (Größe M)
ca. 90 g Ramen mit Hähnchen (japanische Instant-Nudelsuppe), ungekocht
1 mittelgroße Knoblauchzehe, geschält, gehackt
60 ml Konditorsahne (alternativ Crème Double)
3 EL Sriracha-Soße

1. Einen kleinen Topf zu drei Vierteln mit Wasser füllen und dieses auf hoher Stufe zum Kochen bringen. Das Ei behutsam in den Topf geben und 6 Minuten kochen.

2. Während das Ei kocht, eine kleine Schüssel mit Eis und Wasser füllen Das gekochte Ei mit einem Schöpflöffel herausheben und vorsichtig in das kalte Wasser legen.

3. Wenn es kalt genug ist (nach etwa 3 Minuten), das Ei schälen und halbieren.

4. Den Topf ausspülen und 500 ml Wasser darin zum Kochen bringen. Die Instant-Suppe hinzugeben und mit einer Gabel umrühren.

5. Ramen-Nudeln 2 Minuten köcheln lassen.

6. Die Hitze reduzieren und Knoblauch, Sahne und Sriracha-Soße einrühren. Weitere 3 Minuten köcheln lassen.

7. Nudeln in einer mittelgroßen Schüssel servieren und das weich gekochte Ei obenauf legen.

#FürDich-Tipp

Platz da, #Käsefäden, hier kommen #Nudelfäden! ✨ Am besten nimmst du Essstäbchen, schnappst dir damit so viele Nudeln wie möglich und hebst sie so hoch, wie dein Arm reicht. So kannst du das Gericht super präsentieren und schöne Bilder machen, wenn du mit dem Kochen fertig bist.

Fleischbällchen mit Käsefüllung

Mit Käse gefüllt schmeckt alles besser! Du kannst diese leckeren Fleischbällchen ohne Beilage essen, in einem Provolone-Sandwich oder auf Spaghetti.

FÜR 16 STÜCK

450 g mageres Rinderhackfleisch
1 Ei (Größe M)
35 g Paniermehl
1 EL getrocknete italienische Kräuter
1 TL Salz
1 TL Knoblauchpulver
4 breite Streifen Mozzarella, jeweils in 4 Stücke geteilt
3 EL Pflanzenöl

1. In einer großen Schüssel alle Zutaten außer Käse und Öl mit den Händen gut vermengen.

2. Jeweils 1½ EL Fleischteig abnehmen und zu einem Bällchen rollen. Leicht zusammendrücken und dabei eine Vertiefung für den Käse erzeugen. 1 Stück Käse in die Vertiefung legen und mit Fleischmasse bedecken. Wieder zu einem Bällchen formen. Vorgang mit dem restlichen Fleischteig und dem Käse wiederholen.

3. Öl in einer großen Pfanne erhitzen und die Fleischbällchen darin bei mittlerer Hitze 15 Minuten braten, bis sie durchgegart und außen kross sind. Dabei immer wieder wenden, damit sie rundum gebraten werden.

4. Fleischbällchen auf einem großen Teller anrichten und vor dem Servieren 3 Minuten abkühlen lassen.

Käsetortellini mit Pancetta

Dieses Pastagericht strotzt vor Käse und zieht garantiert Fäden – tolle Bilder sind also sicher! Außerdem ist es einfach zuzubereiten und toll für den #DateAbend oder ein Essen mit Freunden.

FÜR 4 PORTIONEN

450 g Tortellini mit 3-Käse-Füllung, ungekocht
4 EL Butter
60 g Pancetta, gewürfelt
375 ml Konditorsahne (alternativ Crème Double)
¼ TL Salz
¼ TL schwarzer Pfeffer aus der Mühle
110 g Mini-Mozzarellabällchen, geviertelt
30 g geriebener Parmesan

1. Einen großen Topf zu drei Vierteln mit Wasser füllen und dieses auf hoher Stufe zum Kochen bringen. Tortellini hineingeben und 4 Minuten garen. Durch ein Sieb abgießen, dabei 250 ml Kochwasser aufheben.

2. In einer großen Pfanne bei mittlerer Hitze die Butter schmelzen, dann Pancetta darin in 5 Minuten hellbraun und leicht knusprig braten.

3. Langsam Sahne hinzugießen, mit Salz und Pfeffer würzen und auf mittlerer Stufe 5 Minuten leicht köcheln lassen.

4. Die gekochten Tortellini in die Pfanne mit der Soße geben und gut darin wenden, sodass sie ganz damit überzogen sind. Mozzarella einrühren.

5. Weitere 3 Minuten köcheln lassen, bis der Mozzarella geschmolzen ist. Falls zu wenig Soße vorhanden ist, etwas Kochwasser hinzugeben.

6. Pasta auf einem großen Servierteller mit Parmesan bestreut servieren.

#FürDich-Tipp

Es gibt bei diesem Rezept zwei Tricks, um die Käsefäden perfekt aufs Bild zu bringen. Erstens: Warten! Ich weiß, ich weiß – das ist hart, wenn man einen großen Teller dieser Köstlichkeit direkt vor der Nase hat. Aber Käse zieht einfach eher Fäden, wenn du ihn 2 bis 3 Minuten stehen lässt. Zweitens: Handy parat halten! Wenn du noch nicht bereit bist, die Gabel aber schon angehoben hast, dann kommt lediglich ein #Fail heraus. Öffne am Handy zuerst die Kamera, heb dann die Gabel an und schieß die perfekte Aufnahme.

Taco-Calzone

Die mexikanische Calzone-Variante – hört sich vielleicht verrückt an, geht aber ganz leicht und wird deine Gäste am #TacoTuesday beeindrucken.

FÜR 2 PORTIONEN

1 EL Pflanzenöl
225 g mageres Rinderhackfleisch
1 EL Taco-Würzsoße
½ TL Salz
400 g Pizza-Fertigteig
180 g gewürzte schwarze Bohnen
375 ml milde Salsa
125 g geriebener würziger Gratinkäse, alternativ geriebener Cheddar
2 EL Butter, geschmolzen

1. Den Ofen auf 190 °C Ober-/Unterhitze (Umluft: 170 °C) vorheizen. Ein Backblech mit Backpapier auslegen.
2. In einer mittelgroßen Pfanne das Öl 30 Sekunden auf mittlerer bis hoher Stufe erhitzen. Dann Hackfleisch, Taco-Würzsoße und Salz hinzugeben. Gut verrühren und 8 Minuten braten, bis das Fleisch vollständig gar und leicht kross ist.
3. Teig auf dem vorbereiteten Backblech ausrollen.
4. Bohnen auf einer Hälfte der Teigplatte verteilen, anschließend das Hackfleisch, 125 ml Salsa und den Käse darübergeben.
5. Die leere Teighälfte vorsichtig anheben und über die Füllung legen. Ränder mit einer Gabel fest zusammenpressen.
6. Calzone mit Butter bestreichen.
7. 13 Minuten im Ofen backen, bis sie schön goldbraun ist.
8. Aus dem Ofen nehmen und 5 Minuten ruhen lassen, dann halbieren. Die restliche Salsa als Dip dazu reichen.

Burger mit frittiertem Mozzarella

Cheeseburger sind lecker. Aber willst du wissen, was sogar noch besser schmeckt? Ein Cheeseburger mit paniertem Mozzarella statt des langweiligen normalen Käses. Ich wette, so etwas hast du noch nie gegessen!

FÜR 1 PORTION

1 Burgerpatty, ca. 120 g
¼ TL Salz
⅛ TL schwarzer Pfeffer aus der Mühle
2 EL Weizenmehl
1 Ei (Größe L)
4 EL Paniermehl
1 Scheibe Mozzarella
1 Burgerbrötchen

1 EL Dijonsenf
½ kleine Romatomate, gewaschen, in Scheiben geschnitten
1 Handvoll frischer Rucola, gewaschen

Sonstiges
Antihaft-Kochspray

1. Eine Grillpfanne auf mittlerer Stufe erhitzen und mit Antihaft-Kochspray einsprühen. Burgerpatty auf beiden Seiten mit Salz und Pfeffer würzen und in der Pfanne von jeder Seite 4 Minuten braten.
2. Heißluftfritteuse auf 190 °C vorheizen.
3. Mehl auf einen Teller geben, das Ei in einer Schüssel verquirlen und das Paniermehl in eine weitere Schüssel füllen.
4. Die Käsescheibe im Mehl, dann im Ei und danach im Paniermehl wenden. Noch einmal in Ei tauchen und im Paniermehl wenden.
5. Den panierten Mozzarella in den ungefetteten Korb der Heißluftfritteuse legen und 4 Minuten backen.
6. Burgerbrötchen im Ofen oder im Toaster nach Belieben rösten.
7. Die untere Brötchenhälfte mit Senf bestreichen. Erst den Patty, dann den gebackenen Käse darauflegen. Nun Tomatenscheiben und Rucola hinzufügen und die obere Brötchenhälfte als Deckel auflegen.

Küchen-Hack

Du hast keine Heißluftfritteuse? Dann backst du die Hähnchenfilets bei 200 °C Ober-/Unterhitze (Umluft: 180 °C) von jeder Seite 18 Minuten im Ofen. Es gibt für alles eine Lösung! 😋

Würzige Hähnchenfilets mit Käsekruste

Diese Hähnchenfilets sind unglaublich einfach in der Zubereitung und werden in der Heißluftfritteuse perfekt. Das leuchtende Rot der Käsekruste wird deine Follower zum Staunen bringen.

FÜR 4 PORTIONEN

2 Handvoll scharfes Käsegebäck
55 g Paniermehl
35 g Weizenmehl
2 Eier (Größe L)
8 Hähnchenfilets à 60 g
1 TL grobes Salz
1 TL Paprikapulver
½ TL Knoblauchpulver

1. Die Heißluftfritteuse auf 190 °C vorheizen.
2. Das Käsegebäck im Mixer zerkleinern oder in einen Gefrierbeutel füllen und mit dem Nudelholz zerkrümeln. In eine mittelgroße Schüssel füllen und mit dem Paniermehl vermischen.
3. Mehl in eine zweite Schüssel geben und Eier in einer weiteren Schüssel mit der Gabel verquirlen.
4. Hähnchenfilets mit Salz, Paprika- und Knoblauchpulver in eine Schüssel geben und gut vermischen, sodass sie rundum mit den Gewürzen überzogen sind.
5. Alle Hähnchenfilets erst in Mehl, dann in Ei wenden. Überschüssiges Ei abschütteln und das Fleisch im Paniermehlgemisch wenden.
6. Hähnchenfilets in den ungefetteten Korb der Heißluftfritteuse legen (nicht überlappen lassen!) und 7 Minuten backen. Wenden und weitere 7 Minuten backen.

Französische Zwiebelsuppe im Brot

Dies ist keine normale Suppe, sondern eine der Extraklasse! Passé die Zeit der langweiligen Dosensuppen und faden Plörren – und des ungeliebten Abwaschs.

FÜR 2 PORTIONEN

3 ½ EL Olivenöl nativ extra
2 kleine Speisezwiebeln, geschält, in feine Ringe geschnitten
2 TL Salz
1 TL schwarzer Pfeffer aus der Mühle
4 EL Butter
½ TL Kristallzucker
1 l Rinderbrühe
125 ml Rotwein
625 ml Wasser
1 El Mehl
2 runde Sauerteigbrote
250 g geriebener Gruyère

1. 2 EL Öl in einer großen Pfanne auf mittlerer Stufe erhitzen. Die Zwiebeln darin 10 Minuten anbraten, bis sie weich und glasig werden, mit Salz und Pfeffer würzen. Unter Rühren Butter und Zucker zugeben. Temperatur auf mittlere bis hohe Stufe erhöhen und Zwiebeln weitere 10 Minuten braten, dabei gelegentlich umrühren.

2. Brühe, Wein und 500 ml Wasser angießen. Suppe zum Kochen bringen, dann die Hitze auf niedrige Stufe verringern und Suppe 15 Minuten leise köcheln lassen. (Ist die Suppe zu dünn, 1 EL Mehl in einer Tasse mit 125 ml Wasser verrühren und unter Rühren in die Suppe geben.)

3. Den Ofen auf 200 °C Ober-/Unterhitze (Umluft: 180 °C) vorheizen. Mit einem Wellenschliffmesser jeweils ein Loch in die Brote schneiden, Ø ca. 13 cm, Tiefe 8 cm (die Stücke mit der Rinde als Deckel beiseite legen).

4. Mithilfe eines Pinsels die Brotinnenseiten sowie die Deckel mit dem restlichen Öl bestreichen. Schalen und Deckel auf ein mit Backpapier ausgelegtes Backblech setzen und 8 Minuten im Ofen backen. Aus dem Ofen nehmen.

5. Die Ofentemperatur zum Überbacken erhöhen.

6. In jedes Brot 375 ml Suppe schöpfen und 125 g Käse darüberstreuen, dann die Deckel auflegen. Die Brote auf ein Backblech ohne Backpapier setzen und 2 Minuten im Ofen überbacken, bis der Käse geschmolzen ist und sich eine Kruste bildet.

7. Brote aus dem Ofen nehmen und auf Tellern mit Löffeln servieren.

Leckere Käsenudeln

Aus einer gusseisernen Pfanne schmeckt alles besser – das ist ein Fakt! Hier erfährst du, wie du einfache Nudeln mit deinen Lieblings-Pizzazutaten auf ein höheres Level bringst.

FÜR 4 PORTIONEN

400 g Nudeln nach Belieben, ungekocht
250 ml Konditorsahne (alternativ Crème Double)
½ TL Salz
¼ TL schwarzer Pfeffer aus der Mühle
330 g Mozzarella, klein geschnitten
1 Handvoll kleine Salamischeiben

Sonstiges
Antihaft-Kochspray

1. Den Ofen auf 200 °C Ober-/Unterhitze (Umluft: 180 °C) vorheizen. Eine gusseiserne Pfanne (Ø ca. 30 cm) mit Antihaft-Kochspray aussprühen.
2. Die Nudeln in einem Topf gemäß Packungsanleitung zubereiten
3. Pasta durch ein Sieb abgießen, dann wieder in den Topf geben. Sahne, Salz und Pfeffer zufügen und alles auf mittlerer Stufe etwa 4 Minuten erwärmen, bis die Sahne heiß ist.
4. Nun 220 g Mozzarella einrühren und vollständig schmelzen lassen.
5. Das Gemisch in die vorbereitete Pfanne gießen und mit dem restlichen Mozzarella belegen. Die Salamischeiben darauf verteilen.
6. Pasta 15 Minuten im Ofen überbacken, bis der Käse eine schöne goldbraune Farbe angenommen hat.
7. Auf 4 großen Tellern servieren.

Aligot

Kartoffelbrei mit Käse, das ist die ultimative Beilage: schmeckt herrlich nach Käse, ist super cremig und echtes Soulfood. Mit diesem Rezept kannst du das auf Instagram so beliebte französische Gericht zu Hause nachkochen.

FÜR 4 PORTIONEN

3 EL Meersalz
4 mittelgroße Kartoffeln, geschält, geviertelt
4 mittelgroße Knoblauchzehen, geschält
120 g Butter, kalt, in 6 Stücke geschnitten
125 ml Konditorsahne, erhitzt (alternativ Crème Double)
225 g Comté, ohne Rinde, gerieben

1. Einen großen Topf zu drei Vierteln mit Wasser füllen, Salz hinzugeben und Wasser zum Kochen bringen. Hitze auf mittlere Stufe reduzieren und Kartoffeln und Knoblauch in den Topf geben und 20 Minuten köcheln lassen, bis die Kartoffeln weich sind.

2. Wasser abgießen und Knoblauch entsorgen. Die heißen Kartoffeln sofort mit einem Holzlöffel durch ein Sieb drücken oder mit der Kartoffelpresse zerstampfen.

3. Kartoffelpüree wieder in den Topf geben und auf niedriger Stufe 3 Minuten köcheln lassen, dabei mit einem Holzlöffel umrühren.

4. Die kalten Butterstücke einzeln dazugeben und verrühren, bis sie ganz geschmolzen und eingearbeitet sind. Langsam die Sahne zugießen und ebenfalls vollständig einarbeiten.

5. Den Käse nach und nach zugeben und unter Rühren komplett schmelzen lassen.

Küchen-Hack

Aligot sofort auf einem kleinen Teller oder als Beilage servieren. Das Püree lässt sich gut ziehen, du kannst also für dein Video einen Löffel voll nehmen, das Püree hochheben und dann mit einer Schere abschneiden (der Käse reißt normal nicht von allein ab). Wenn etwas übrig bleibt, wird der Käse im Kühlschrank fest. Du kannst das Gericht dann in der Mikrowelle oder auf mittlerer Stufe im Topf wieder erhitzen, bis es weicher wird.

Lasagnerollen

Diese Lasagnerollen sehen gut aus und wurden im New Yorker Restaurant »Don Angies« berühmt. So gern wir auch nach New York City fliegen würden, um sie zu verspeisen – für die meisten von uns kommt das nicht infrage. Zum Glück sind sie auch zu Hause einfach zubereitet.

FÜR 6 STÜCK

3 EL Meersalz
6 Lasagneplatten, ungekocht
500 g Ricotta
750 ml Bolognesesoße
460 g Mozzarella, klein geschnitten

Sonstiges
Antihaft-Kochspray

1. Den Ofen auf 180 °C Ober-/Unterhitze (Umluft: 160 °C) vorheizen. Eine 20 × 20 cm große Auflaufform mit Antihaft-Kochspray aussprühen.

2. Einen großen Topf zu drei Vierteln mit Wasser füllen, Salz hinzufügen und Wasser zum Kochen bringen. Die Nudelplatten hineingeben und gemäß Packungsanweisung bissfest kochen.

3. Nudeln in ein Sieb abgießen und auf einem Schneidebrett ausbreiten. Den Ricotta mit einem Spatel gleichmäßig auf den Platten verstreichen. Jeweils 125 ml Soße darauf verteilen und mit 40 g Mozzarella bestreuen.

4. Die Nudelplatten von einem schmalen Ende aus aufrollen. Die Rollen in die vorbereitete Form legen und mit dem restlichen Mozzarella bestreuen.

5. Auflauf 25 Minuten im Ofen überbacken, bis der Käse vollständig geschmolzen und die Oberseite goldbraun ist.

6. Lasagnerollen auf kleinen Tellern servieren.

Tortilla-Enchiladas

#TacoTuesday gehört zu den Highlights der Woche, aber wenn man immer dieselben Tacos bestellt, wird es auch langweilig. Hier werden sie etwas aufgepeppt und erobern TikTok als Auflauf.

FÜR 6 PORTIONEN

1 EL Olivenöl nativ extra
450 g mageres Rinderhackfleisch
2 EL Taco-Würzsoße
300 g Tortilla-Chips
400 ml Enchiladasoße
450 g gewürzte Pintobohnen aus der Dose, abgetropft
380 g geriebener Käse, würziger Gratinkäse oder Cheddar

1. Den Ofen auf 190 °C Ober-/Unterhitze (Umluft: 170 °C) vorheizen.
2. Das Öl in einer Pfanne auf mittlerer Stufe erhitzen. Hackfleisch und Würzsoße hineingeben und 9 Minuten unter gelegentlichem Umrühren braten, bis das Fleisch braun und leicht kross ist.
3. Die Hälfte der Tortilla-Chips gleichmäßig in einer ungefetteten Auflaufform (23 × 28 cm) verteilen.
4. Die Hälfte des Hackfleischs daraufgeben. Die Hälfte der Soße und dann die Hälfte der Bohnen darüber verteilen. Die Hälfte des Käses gleichmäßig daraufstreuen. Vorgang mit den restlichen Zutaten wiederholen.
5. Die Form mit Aluminiumfolie abdecken und 15 Minuten im Ofen backen. Folie entfernen und weitere 10 Minuten backen.
6. Auflauf auf 6 Tellern verteilen.

Chicken-Teriyaki in Ananasbowls

Hast du schon diese wundervollen Fotos auf Instagram gesehen, auf denen Essen in Ananasbowls serviert wird? Es wird Zeit, deinem Publikum beizubringen, wie man das zu Hause zaubern kann.

FÜR 2 PORTIONEN

1 große Ananas, längs halbiert
1 l Pflanzenöl
65 g Weizenmehl
65 g + 1 EL Maisstärke
2 Eier (Größe L)
2 Hähnchenbrüste à 150 g, grob gewürfelt
250 ml Wasser

90 ml Sojasoße
1 EL Honig
45 g brauner Zucker
1 TL gemahlener Ingwer
370 g weißer Reis, gekocht
½ TL Sesamsaat

1. Mit einem Löffel das Fruchtfleisch aus den Ananashälften entfernen. Das Fruchtfleisch für eine andere Zubereitung aufheben oder einfach so naschen.

2. Das Öl in einem großen Topf auf mittlerer Stufe erhitzen, bis es 180 °C erreicht hat.

3. In einer großen Schüssel Mehl und 65 g Maisstärke vermischen. Die Eier in einer zweiten Schüssel mit einer Gabel verquirlen. Die Hähnchenstücke nacheinander mit einer Zange in das Ei tauchen, ganz damit überziehen und dann im Mehl wenden.

4. Hähnchenstücke ins Öl gleiten lassen und 8 Minuten frittieren, bis sie goldbraun sind und die Kerntemperatur mindestens 74 °C erreicht hat. Dies kann man am besten mit einem Fleischthermometer feststellen. Hähnchenstücke mit einem Schaumlöffel aus dem Öl heben und 2 Minuten auf einem Küchentuch abtropfen lassen.

5. In einem kleinen Topf die Teriyakisoße zubereiten: Wasser, Sojasoße, Honig, Zucker und Ingwer vermengen und auf mittlerer bis hoher Stufe erhitzen. Wenn die Soße nach etwa 6 Minuten anfängt zu blubbern, die Hitze reduzieren und die restliche Maisstärke einrühren. Unter Rühren etwa 5 Minuten köcheln lassen, bis die Soße eindickt. In einer großen Schüssel die Hähnchenstücke mit der Teriyakisoße mischen und komplett damit überziehen.

6. Den Reis und das Hähnchenfleisch gleichmäßig auf die beiden Ananashälften verteilen und mit Sesam bestreuen.

Pastatorte »Bienenwaben«

Überbackene Rigatoni sind ja sowieso schon lecker, aber eine Pastatorte, die aussieht wie Bienenwaben ist noch viel leckerer (und viel cooler)! Dieses Gericht macht meine Mutter supergerne, hier kommt also ein Familienrezept!

FÜR 5 PORTIONEN

340 g Rigatoni, ungekocht
etwas Butter
1¼ l Bolognesesoße
330 g Mozzarella, klein geschnitten
125 g geriebener Parmesan

1. Den Ofen auf 190 °C Ober-/Unterhitze (Umluft: 170 °C) vorheizen.
2. Pasta in einem Topf mit Wasser gemäß Packungsanleitung al dente kochen. Dann durch ein Sieb abgießen.
3. Boden und Wände einer Springform (Ø 30 cm) mit Butter einfetten. Die Rigatoni nebeneinander in die Form stellen, bis diese gefüllt ist.
4. Mit einer Suppenkelle Soße über die Nudeln schöpfen und die Löcher füllen. Den Mozzarella daraufstreuen, sodass alle Löcher und Zwischenräume gleichmäßig gefüllt sind. Den Parmesan darüberstreuen.
5. Form mit Aluminiumfolie abdecken und Auflauf 20 Minuten im Ofen backen. Folie abnehmen und weitere 10 Minuten backen.
6. Form aus dem Ofen nehmen und Nudeln vor dem Abnehmen des Springformrandes 10 Minuten abkühlen lassen. Torte in 5 Teile schneiden, jeweils mit einem Pfannenwender herausheben und auf Tellern anrichten.

Pastapizza

Dies ist ein Beispiel dafür, wie du aus Fertigzutaten aus dem Supermarkt schnell ein leckeres Essen zubereiten kannst. Sicher nicht die ausgefallenste Pizza, die du jemals essen wirst, stillt aber auf jeden Fall den Heißhunger auf Kohlenhydrate.

FÜR 4 PORTIONEN

340 g Pizza-Fertigteig
500 g Fertig-Käsenudeln, zubereitet
330 g Mozzarella, klein geschnitten
1 gute Handvoll Salamischeiben

1. Den Ofen auf 205 °C Ober-/Unterhitze (Umluft: 185 °C) vorheizen. Ein Backblech mit Backpapier auslegen.
2. Den Teig auf dem vorbereiteten Backblech ausrollen.
3. Mit einem Spatel die Käsenudeln auf dem Teig verteilen, dann mit Mozzarella bestreuen. Zuletzt die Salamischeiben darauflegen.
4. Pastapizza 15 Minuten im Ofen backen.
5. Aus dem Ofen nehmen, mit einem Pizzaschneider in 7 cm große Quadrate schneiden und noch heiß essen.

#FürDich-Tipp

Dieses Rezept ist der Beweis, dass man so ziemlich alles als Pizzabelag nehmen kann. 😋 Beim TikTok-Kochen geht es immer darum, die »Regeln« zu brechen und Gerichte zuzubereiten, die du in einem Restaurant vermutlich nicht bekommen würdest. Also, was kommt als Nächstes auf die Pizza? Spaghetti und Fleischbällchen? Tacofüllung? Zeig's mir!

Kapitel 6

Desserts, Desserts und noch mehr Desserts

Tassenkuchen zum Geburtstag

Den Geburtstagskuchen für die Freundin vergessen? Mit diesem Rezept kannst du in weniger als 5 Minuten mit der Mikrowelle eine Miniversion zaubern! Ist genauso lecker und luftig wie ein richtiger Kuchen, es fehlt nur noch die Kerze in der Mitte.

FÜR 1 TASSENKUCHEN

65 g Weizenmehl
¼ TL Backpulver
4 EL Kristallzucker
1½ EL Butter, geschmolzen
5 EL Vollmilch
⅛ TL Vanilleextrakt
2 TL bunte Streusel
Sprühsahne

1. In einer großen, mikrowellengeeigneten Tasse Mehl, Backpulver und Zucker vermengen.
2. Butter, Milch, Vanilleextrakt und 1 TL Streusel hinzugeben und unterrühren.
3. Kuchen auf hoher Stufe 1 Minute in der Mikrowelle backen, herausnehmen und 5 Minuten abkühlen lassen.
4. Eine große Portion Schlagsahne aufsprühen und die restlichen Streuseln daraufstreuen. Mit Gabel oder Löffel direkt aus der Tasse essen.

Arme Ritter mit Schoko-Nuss-Creme

Arme Ritter sind meine Brunch-Favoriten, können aber mit der Zeit etwas langweilig werden. Deswegen kannst du zwischendurch diese superschokoladige Version ausprobieren, die dir jede Menge Likes einbringen wird.

FÜR 4 STÜCK

400 g Butterbrioche, in 4 dicke Scheiben geschnitten
8 EL Schoko-Nuss-Creme
2 Eier (Größe M)
200 ml ungesüßte Kondensmilch
200 ml gesüßte Kondensmilch
3 EL Butter
2 EL Puderzucker

1. Die Briochescheiben vorsichtig am Rand waagerecht etwa 5 cm tief einschneiden, aber nicht durchschneiden.
2. Creme in einen Spritzbeutel füllen und gleichmäßig in den Einschnitten verteilen.
3. In einer mittelgroßen Schüssel Eier, ungesüßte und gesüßte Kondensmilch mit dem Schneebesen verquirlen. Die Briochescheiben vorsichtig in die Mischung tauchen, dabei darauf achten, dass beide Seiten gut damit überzogen sind.
4. Butter in einer großen Grillpfanne auf mittlerer bis hoher Stufe schmelzen und die Briochescheiben darin von jeder Seite 1½ Minuten braten.
5. Auf einem großen Teller anrichten und mit Puderzucker bestäuben.

Küchen-Hack

So kannst du beliebige Varianten von gefüllten Armen Rittern zubereiten. Anstelle der Schoko-Nuss-Creme kannst du Spekulatiuscreme, Erdnussbutter oder Dulce de leche ausprobieren. Und du bist natürlich nicht auf Cremes begrenzt – es geht auch mit Marmelade oder Schlagsahne! 😊

Eiscreme aus dem Einmachglas

Hast du vielleicht als Kind schon mal mit dieser Methode Eis gemacht? So geht es zu Hause ohne extra Equipment auf jeden Fall am besten. Keine Eismaschine, kein Mixer – bloß ein Einmachglas und ein bisschen schütteln, fertig ist ein supercremiges Dessert. Wenn du kein Einmachglas hast, nimmst du einen gut schließenden, dichten Plastikbehälter mit Deckel.

FÜR 2 PORTIONEN

500 ml Konditorsahne (alternativ Crème Double)
55 g Kristallzucker
2 EL Vanilleextrakt
⅛ TL Salz

1. Alle Zutaten in ein großes Einmachglas geben und dieses mit dem Deckel fest verschließen.
2. Mindestens 5 Minuten lang gut schütteln. Die Masse wird allmählich dicker und fängt an, steife Spitzen zu bilden. Wenn eine Konsistenz wie bei geschlagener Sahne erreicht ist, mit dem Schütteln aufhören.
3. Das Gefäß mindestens 3 Stunden ins Gefrierfach stellen.
4. Den Deckel aufschrauben und Eis zum Servieren mit einem Löffel in 2 kleine Schalen füllen. Die Eiscreme hält sich im Gefrierfach bis zu 1 Woche.

Schokowaffel-Tacos

#TacoTuesday beschränkt sich nicht auf Carne Asada und Guacamole. Mach mal etwas anderes: Waffeln als Tortillas und eine Füllung aus Eiscreme. Wenn du mich fragst – besser als ein Eisbecher und vielleicht sogar besser als ein Taco! 👁️👄👁️

FÜR 4 PORTIONEN

Pfannkuchen-Backmischung, bei der nur Wasser zugegeben werden muss, für 2 Portionen
Wasser gemäß Packungsangabe
3 EL Kakaopulver
3 EL Kristallzucker
⅛ TL Salz
8 Kugeln (125 ml) Eiscreme
3 EL Schokosirup
1 EL bunte Streusel

Sonstiges
Antihaft-Kochspray

1. Waffeleisen für Miniwaffeln auf mittlerer bis hoher Stufe vorheizen.
2. In einer mittelgroßen Schüssel Pfannkuchen-Backmischung, Wasser, Kakao, Zucker und Salz mit dem Schneebesen vermengen. Den Teig 5 Minuten ruhen lassen.
3. Waffeleisen mit Antihaft-Kochspray einsprühen und ¼ des Teigs hineingeben. Waffeleisen schließen und Teig 3 Minuten backen.
4. Waffel herausnehmen und vorsichtig zu einer Schale formen. Aufrecht zwischen zwei Gegenstände (zum Beispiel Tassen) stellen und abkühlen lassen. Den restlichen Teig ebenso backen und formen.
5. Wenn alle Waffelschalen 5 Minuten abgekühlt sind, jeweils 2 Kugeln Eiscreme hineingeben. Mit Sirup beträufeln und die Streusel darüberstreuen. Sofort genießen.

Tassen-Kekskuchen

Dies ist die einfachste Lösung für den Heißhunger auf Süßes! Der Tassenkuchen besteht aus nur zwei Zutaten und schmeckt oberlecker. Ein superluftiger Kuchen, der auch deinen Viewern das Wasser im Mund zusammenlaufen lässt.

FÜR 1 TASSENKUCHEN

8 Doppelkekse mit Cremefüllung
3 EL Vollmilch

1. Kekse in eine große mikrowellengeeignete Tasse geben und mit der Milch begießen.
2. Mit einer Gabel zu einer Teig-ähnlichen Paste zerdrücken.
3. Kuchen auf hoher Stufe 1½ Minuten in der Mikrowelle backen, dann vorsichtig herausnehmen und 5 Minuten abkühlen lassen.
4. Direkt aus der Tasse löffeln.

#FürDich-Tipp

Was funktioniert gut bei #foodTikTok? Serien. Ich zum Beispiel habe mit so vielen verschiedenen Keksen experimentiert wie möglich, von Doppelkeksen mit Cremefüllung und Schokostückchen über Waffeln bis zu Keksen mit Zuckerguss. Probier von deinem Top-Rezept Varianten mit unterschiedlichen Geschmacksrichtungen aus, und erstell dann eine eigene Video-Serie. Deine Follower finden das sicher spannend, und es vertieft eure Bindung. Du kannst sie sogar fragen, welche Variante sie am liebsten mögen oder was du als Nächstes versuchen sollst! 🥰

Brotpudding aus Donuts

Was macht man am besten mit altbackenem Brot?: Brotpudding! Und wie schaut es mit altbackenen Donuts aus? Das kann ich dir verraten: Du machst einfach Donut-Brotpudding.

FÜR 4 PORTIONEN

200 ml gesüßte Kondensmilch
400 ml ungesüßte Kondensmilch
125 ml Konditorsahne (alternativ Crème Double)
2 Eier (Größe M)
1 TL Vanilleextrakt
¼ TL grobes Salz
½ TL gemahlener Zimt

8 altbackene Donuts mit Guss,
  in 2–3 cm große Würfel geschnitten
2 EL Puderzucker

Sonstiges
Antihaft-Kochspray

1. Den Ofen auf 180 °C Ober-/Unterhitze (Umluft: 160 °C) vorheizen. Eine 20 × 20 cm große Auflaufform mit Antihaft-Kochspray aussprühen.

2. In einer großen Schüssel gesüßte und ungesüßte Kondensmilch, Sahne, Eier, Vanilleextrakt, Salz und Zimt mit dem Schneebesen verquirlen.

3. Donutwürfel in einer gleichmäßigen Schicht in die Auflaufform geben.

4. Milchgemisch vorsichtig über die Donutwürfel gießen. Mit der Rückseite eines Löffels leicht andrücken, damit die Würfel gleichmäßig mit der Creme durchtränkt sind. Mit Aluminiumfolie abdecken.

5. Auflauf 35 Minuten im Ofen backen. Folie abnehmen und weitere 15 Minuten backen.

6. Den Brotpudding 10 Minuten abkühlen lassen und mit Puderzucker bestäuben. Mit einem Wellenschliffmesser in Viertel schneiden und diese mit einem Pfannenwender auf große Teller heben.

> **#FürDich-Tipp**
>
> Dieses Rezept ist eines mit einer Geschichte! Du kannst in deinem Video eingangs erwähnen, dass du erst geknickt warst, weil die Donuts schon alt werden, dich dann aber dazu entschlossen hast, einen superleckeren Brotpudding daraus zuzubereiten. 🤗 Das hat den Zweck, dass deine Viewer deine Erfahrung teilen und sich daran erinnern, wenn sie in derselben Situation sind.

Doppelkekskrapfen

Den Faschingsklassiker lieben wir! Aber weißt du was? Du musst nicht bis zum Fasching warten, um diese ausgebackenen Kekse zu genießen: Sie selbst zu machen ist total simpel.

FÜR 8 STÜCK

1 l Pflanzenöl
Pfannkuchen-Backmischung, bei der nur Wasser zugegeben werden muss, für 2 Portionen
Wasser gemäß Packungsangabe
8 Doppelkekse mit Cremefüllung
3 EL Puderzucker

1. In einem großen Topf das Öl auf hoher Stufe auf 190 °C erhitzen. Eine mittelgroße Schüssel mit Küchentüchern auslegen.
2. In einer zweiten mittelgroßen Schüssel Pfannkuchen-Backmischung und Wasser mit dem Schneebesen zu einem klümpchenfreien Teig verquirlen. Den Teig 5 Minuten ruhen lassen.
3. Wenn das Öl so weit ist, die Doppelkekse einzeln in den Teig tauchen und vorsichtig mit einer Zange ins Öl gleiten lassen. Von jeder Seite 1 Minuten ausbacken.
4. Kekse mit einem Schaumlöffel oder einer Zange aus dem Öl nehmen und in die vorbereitete Schüssel legen.
5. Kekse mit Puderzucker bestäubt servieren.

Riesenkeks aus der Heißluftfritteuse

Bei TikTok dreht sich alles um Mini- und Maxiversionen von Essen. Die Muffin- und Pfannkuchenvarianten fürs Müsli kennst du ja schon – jetzt ist der Moment gekommen für einen Riesenkeks, der in der Heißluftfritteuse gebacken wird.

FÜR 3 PORTIONEN

450 g Keksfertigteig
3 EL Schoko-Nuss-Creme

1. Die Heißluftfritteuse auf 130 °C vorheizen.
2. Den Teig in 2 Portionen teilen und aus einer eine Kugel formen. In die Mitte der Kugel ein Loch drücken.
3. Creme in das Loch geben und den restlichen Teig darauf setzen. Durch leichtes Andrücken beide Teighälften verbinden und erneut eine Kugel daraus formen.
4. Den Frittierkorb mit Backpapier auslegen und die Kekskugel in die Mitte des Papiers setzen. 23 Minuten in der Heißluftfritteuse backen, bis sie goldbraun ist.
5. Vor dem Verzehr 15 Minuten auf einem Kuchengitter abkühlen lassen.

#FürDich-Tipp

Die TikTok-Trends berücksichtigen auch Jahreszeiten oder Feiertage. Versuche, jeweils passende Aromen zu verwenden. Zu Weihnachten empfehlen sich weihnachtliche Gewürze, Tannenbaum-Keksteig und weihnachtliche Streusel. Es ist Herbst? Nimm Teig für Zimtkekse und streu etwas Muskatnuss, gemahlenen Ingwer und Nelken darauf. Kombiniere das Video mit einem Feiertagssong, und deine Viewer werden es lieben! 🥰

Matcha-Lavakuchen

Nichts ist faszinierender als ein Lavakuchen. Lädt zum Schwelgen ein, ist weich und furchtbar lecker. Der klassische Schokogeschmack ist schon gut, aber diese Variante mit Matcha wird deine Follower sicherlich beeindrucken. Ein schönes Dessert ist immer Trumpf.

FÜR 2 PORTIONEN

60 g weiße Schokotröpfchen
3 EL Butter, geschmolzen
60 g Kristallzucker
3 EL Weizenmehl
1 Ei (Größe M)

2 TL Matcha-Tee oder 1 EL Koch-Matcha
2 EL Puderzucker

Sonstiges
Antihaft-Kochspray

1. Die Schokotröpfchen in einer großen mikrowellengeeigneten Schüssel 30 Sekunden auf hoher Stufe in die Mikrowelle stellen. Umrühren und weitere 20 Sekunden erhitzen. Erhitzen und Umrühren wiederholen, bis die Schokotröpfchen vollständig geschmolzen sind.

2. Butter in die Schüssel geben und mit dem Schneebesen vollständig einarbeiten. Kristallzucker ebenfalls unterrühren. Langsam das Mehl dazusieben und noch einmal verquirlen.

3. Das Ei einrühren und das Matchapulver dazusieben. Alles gut verquirlen.

4. 2 Souffléförmchen mit Antihaft-Kochspray aussprühen. Teig auf die beiden Förmchen verteilen, dabei zum oberen Rand 5 cm frei lassen. 45 Minuten ins Gefrierfach stellen. 15 Minuten vor Ablauf dieser Zeit den Ofen auf 200 °C Ober-/Unterhitze (Umluft: 180 °C) vorheizen.

5. Auflaufförmchen auf der mittleren Schiene in den Ofen setzen und 15 Minuten backen.

6. Aus dem Ofen nehmen und mit Topflappen und Zange die Küchlein auf kleine Teller stürzen und mit Puderzucker bestäuben. Zum Verzehr mit einem Löffel in der Mitte durchbrechen, damit das geschmolzene Innere herausfließt.

Einhorn-Fudge

Zu meinen Lieblings-Foodtrends gehört unbedingt Einhorn-Food! Es ruft ein so magisches Gefühl hervor, außerdem ist es total süß. Fudge ist eines dieser Desserts, die zwar schwierig erscheinen, aber in Wirklichkeit nicht besonders schwer sind, wenn du es in der Mikrowelle zubereitest wie hier und nicht wie normalerweise auf dem Herd.

FÜR 8 PORTIONEN

210 g weiße Schokotröpfchen

400 ml gesüßte Kondensmilch

1 TL Vanilleextrakt

1 EL Butter, geschmolzen

¼ TL Salz

Je 6 Tropfen Lebensmittelfarbe Rosa, Blau und Pink

3 EL bunte Streusel

1. Die Schokotröpfchen in einer großen mikrowellengeeigneten Schüssel 30 Sekunden auf hoher Stufe in die Mikrowelle geben. Umrühren und weitere 30 Sekunden erhitzen. Erhitzen und Umrühren wiederholen, bis die Tröpfchen vollständig geschmolzen sind.

2. Kondensmilch, Vanilleextrakt, Butter und Salz in die Schüssel geben und gründlich mit dem Schneebesen verrühren. Das Gemisch gleichmäßig auf 3 kleine Schüsseln verteilen.

3. In jede Schüssel je 6 Tropfen Lebensmittelfarbe geben und umrühren; dafür verschiedene Löffel nehmen, damit die Farben sich nicht vermischen. Eine 20 × 20 cm große Backform mit Plastikfolie oder Aluminiumfolie auslegen.

4. Jeweils 2 EL von jeder gefärbten Fudgemasse in die Form geben und Vorgang wiederholen, bis alle Teige aufgebraucht sind. Die Oberfläche mit einem Zahnstocher oder einem Messer etwas verwirbeln. Mit Streuseln bestreuen.

5. Form mit Plastikfolie abgedeckt mindestens 4 Stunden in den Kühlschrank stellen. Wenn die Masse fest ist, aus der Form nehmen und die Folie vorsichtig entfernen. Mit einem Messer in ca. 2 ½ cm große Stücke schneiden. Fudge hält sich abgedeckt im Kühlschrank bis zu 3 Tage.

Überbackener S'More

Überbackener Käse war als Kind immer der ultimative Snack für mich. Es gehört aber zum Erwachsenwerden, zu begreifen, dass man sich an keine Regeln mehr halten muss und alles Mögliche als Dessert ausprobieren kann. Daher stelle ich dir hier meinen neuen Favoriten vor, den überbackenen S'More!

FÜR 1 PORTION

1 EL Butter
2 Scheiben Weißbrot
2 EL Marshmallowcreme
60 g Vollmilchschokolade, geraspelt

1. In einer Grillpfanne die Butter auf mittlerer Stufe schmelzen, dann das Brot hineinlegen.

2. Auf 1 Brotscheibe Marshmallowcreme streichen und Schokostückchen daraufgeben. Das Brot etwa 3 Minuten rösten und Marshmallowcreme und Schokolade schmelzen lassen.

3. Die unbestrichene Brotscheibe auf die bestrichene setzen und das Sandwich auf ein Schneidebrett legen. Diagonal durchschneiden und auf einem mittelgroßen Teller servieren.

Drei-Minuten-Donuts

Keine Angst davor, Donuts selbst zu machen. Für diese Variante brauchst du nur Brötchen-Fertigteig, eine Heißluftfritteuse und ein paar Grundzutaten, die du wahrscheinlich im Vorrat hast. Dies ist wohl das einfachste Dessertrezept aller Zeiten. Hier kommen die ✨ superleckeren ✨ Drei-Minuten-Donuts.

FÜR 8 STÜCK

Fertigteig für 8 Brötchen
65 g Puderzucker
2 EL Kakaopulver
1½ EL Vollmilch
3 EL bunte Streusel

1. Heißluftfritteuse auf 190 °C vorheizen.
2. Brötchenteiglinge voneinander lösen und flach auf ein Schneidebrett legen. Mit einem Ausstechförmchen oder einem Messer in jedes Brötchen ein 2½ cm großes Loch schneiden. Diese Mittelstücke entsorgen oder zu kleinem Gebäck verarbeiten.
3. Die Donuts in den ungefetteten Heißluftfritteusenkorb setzen, dabei darauf achten, dass sie nicht zu eng beieinanderliegen, und 3 Minuten frittieren.
4. Währenddessen Puderzucker, Kakao und Milch in einer mittelgroßen Schüssel zu einem Guss verrühren.
5. Die fertigen Donuts zum Abkühlen 2 Minuten auf ein Kuchengitter setzen. Sobald man sie anfassen kann, in Guss eintauchen und mit Streuseln verzieren. Den Guss vor dem Essen in 25 Minuten hart werden lassen.

Marshmallow-Popcorn-Bällchen

Ich glaube, Marshmallow-Müsliriegel können wir alle mittlerweile nicht mehr sehen. Natürlich schmecken sie gut, aber sie sind so was von out! Also machen wir aus dem Mikrowellen-Popcorn aus deinem Vorratsschrank etwas Neues mit viel mehr Pep.

FÜR 10 STÜCK

20 große Marshmallows
2 EL Butter
15 g fertiges Popcorn, ungewürzt

Sonstiges
Antihaft-Kochspray

1. In einer großen mikrowellengeeigneten Schüssel Marshmallows und Butter vermengen. 45 Sekunden auf hoher Stufe in die Mikrowelle stellen, dann umrühren. Vorgang wiederholen und umrühren, bis alles vollständig geschmolzen ist.

2. Das Popcorn in die Schüssel geben und gut mit dem Marshmallowgemisch verrühren, bis es vollständig damit überzogen ist.

3. Ein großes Backblech mit Backpapier auslegen. Die Hände mit Antihaft-Kochspray einsprühen, damit das Popcorn nicht an den Fingern kleben bleibt.

4. Nun immer etwas Popcornmasse abnehmen und zu einer Kugel formen. Auf das vorbereitete Backblech setzen. Vorgang wiederholen, es sollten 10 Kugeln entstehen. Die Bällchen vor dem Verzehr 10 Minuten abkühlen lassen.

Mini-Donuts aus dem Backofen

Ich kann es nicht oft genug betonen: Als Miniaturausgabe ist alles niedlicher. Diese Donuts sind so supereinfach zu machen, gesünder als normale Donuts und unglaublich luftig und weich. Und die sind das, was die Japaner als *#kawaii* (»niedlich«) bezeichnen!

FÜR 12 STÜCK

130 g Weizenmehl
70 g Kristallzucker
1 EL Backpulver
½ TL Salz
1 Ei (Größe M)
2 TL Butter, geschmolzen
125 ml Vollmilch
1 EL Vanilleextrakt

65 g Puderzucker
2 EL Wasser
6 Tropfen Lebensmittelfarbe
3 EL bunte Streusel

Sonstiges
Antihaft-Kochspray

1. Den Ofen auf 180 °C Ober-/Unterhitze (Umluft: 160 °C) vorheizen. Eine Mini-Donut-Form mit 12 Mulden mit Antihaft-Kochspray aussprühen.
2. In einer großen Schüssel Mehl, Zucker, Backpulver und Salz vermischen. Ei, Butter, Milch und Vanilleextrakt hinzugeben und mit dem Schneebesen verrühren.
3. Teig in eine Spritztüte oder einen Gefrierbeutel mit Loch füllen und in die Mulden der Form spritzen.
4. Donuts 8 Minuten im Ofen backen.
5. Währenddessen Puderzucker, Wasser und Lebensmittelfarbe in einer kleinen Schüssel vermischen.
6. Donuts aus dem Ofen nehmen, 2 Minuten abkühlen lassen und danach in den Guss tauchen, sodass die Oberseiten der Donuts damit bedeckt sind. Auf ein Kuchengitter setzen und mit bunten Streuseln verzieren.
7. Den Guss vor dem Verzehr in 15 Minuten fest werden lassen.

Cookie Cups mit Schokolade und Marshmallows

Marshmallows sind die ideale Zugabe für Desserts. Sie schmecken herrlich, steuern aber auch diese elastische Textur bei, nach der die Leute so verrückt sind. Diese Cookie Cups sind im Handumdrehen gemacht und werden deine Viewer begeistern.

FÜR 12 STÜCK

250 g Keksfertigteig mit Schokotröpfchen
12 große Marshmallows
100 g Milchschokolade, in 12 Stücke aufgeteilt

Sonstiges
Antihaft-Kochspray

1. Den Ofen auf 180 °C Ober-/Unterhitze (Umluft: 160 °C) vorheizen. Eine Muffinform mit 12 Mulden mit Antihaft-Kochspray aussprühen.

2. In jede Mulde 3 EL Teig geben und mit den Fingern hineindrücken, sodass Boden und Wände damit bedeckt sind. Auf jeden Boden 1 Marshmallow setzen.

3. Nun Teig 14 Minuten im Ofen backen.

4. Form aus dem Ofen nehmen und Grill auf hohe Stufe vorheizen. 2 Minuten überbacken, bis die Marshmallows leicht gebräunt sind.

5. Form aus dem Ofen nehmen und auf jedes Küchlein sofort 1 Schokoladenstücken setzen.

6. Muffins in der Form 10 Minuten abkühlen lassen, dann mit einem Löffel herausheben und auf einem großen Teller servieren.

> **#FürDich-Tipp**
>
> Dass Käse Fäden zieht, wissen wir alle, aber Marshmallows? Tun das ebenso! Meines Erachtens musst du dieses Dessert genau so präsentieren. Mach ein Video davon, wie du alles zubereitest. (Achtung, vergiss nicht, die Cookie Cups abkühlen zu lassen, bevor du sie aus der Form nimmst.) Für die letzte Einstellung (um den Effekt der geschmolzenen Marshmallows einzufangen) erhitzt du die Cookie Cups wieder. Gib sie dafür 30 Sekunden in die Mikrowelle. Dann hältst du mit beiden Händen ein Küchlein in die Kamera, brichst es langsam auf und ziehst die beiden Teile auseinander, sodass ein langer Marshmallowfaden entsteht. Die #foodporn-Eigenschaften deines Meisterwerks betonen, so bekommst du die Likes.

Gefüllter Pfannen-Keks

Kekse aus der Pfanne sind in Restaurants ein Klassiker und so unglaublich lecker! Und keine Angst, das Rezept ist nicht kompliziert, alles, was du brauchst, ist eine kleine gusseiserne Pfanne, Keksteig … und womöglich etwas Selbstbeherrschung, damit du nicht alles allein aufisst.

FÜR 4 PORTIONEN

900 g Keksfertigteig mit Schokotröpfchen
4 EL Schoko-Nuss-Creme
⅛ TL Salzflocken
1 große Kugel Vanilleeis

Sonstiges
Antihaft-Kochspray

1. Den Ofen auf 180 °C Ober-/Unterhitze (Umluft: 160 °C) vorheizen. Eine kleine gusseiserne Pfanne mit Antihaft-Kochspray einsprühen.
2. Die Hälfte des Teigs in die Pfanne geben. Mit den Fingern andrücken, sodass der Boden und der Rand (2–3 cm hoch) damit bedeckt sind.
3. Die Schoko-Nuss-Creme in die Mitte geben und mit einem Spatel zu einem Kreis mit ca. 9 cm Durchmesser verstreichen.
4. Auf einer glatten Fläche den restlichen Teig zu einer Scheibe in der Größe der Pfanne flach drücken. Die Teigplatte mit beiden Händen anheben und auf die Creme legen. An den Rändern andrücken und verschließen.
5. Mit Salz bestreuen und 15 Minuten im Ofen backen.
6. Aus dem Ofen nehmen und 5 Minuten abkühlen lassen. Eiscreme daraufgeben und mit Löffeln sofort direkt aus der Pfanne essen oder auf kleinen Tellern anrichten.

Roher Keksteig

Hat deine Mutter dir immer gesagt, du sollst Teig nicht roh essen, weil du sonst Bauchweh bekommst? Tja, jetzt kannst du so viel Teig essen, wie du magst! Mach dir keine Sorgen – das schmeckt wirklich toll! ✨

FÜR 5 PORTIONEN

260 g Weizenmehl
220 g Butter, weich
210 g brauner Zucker
1 TL Vanilleextrakt
½ TL Meersalz
3 EL Vollmilch
45 g Mini-Milchschokoladentröpfchen
4 EL bunte Streusel

1. Mehl in eine große mikrowellengeeignete Schüssel geben und 60 Sekunden auf hoher Stufe in die Mikrowelle stellen. Umrühren und Vorgang wiederholen. Erneut durchrühren und Erwärmen wiederholen, bis das Mehl 74 °C heiß ist.

2. Die restlichen Zutaten außer den Schokotröpfchen und den Streuseln in die Schüssel geben. Alles gründlich vermengen. Einen Deckel auflegen und Teig 30 Minuten in den Kühlschrank stellen.

3. Den nunmehr kalten Teig auf 2 mittelgroße Schüsseln verteilen, einen Teig mit Schokotröpfchen, den anderen mit Streuseln belegen. Der Teig hält sich im Kühlschrank abgedeckt bis zu 5 Tage.

> **#FürDich-Tipp**
>
> Roher Keksteig ist in den sozialen Medien total beliebt – vielleicht wegen der Erinnerungen ans Keksebacken in der Kindheit. Keksteig ist auch so vielseitig, dass man ihn zu allem als Topping dazugeben kann. Zu Brownies, Eisbecher, Kuchen – zu allem, was dich anspricht. Du kannst ihn als Häppchen für zwischendurch zu Kügelchen formen oder ihn in einer Waffeltüte servieren und wie ein Eis essen.

Register

A

Abendessen. *Siehe* Mittag- und Abendessen
Algorithmus, überlisten 19 f.
Aligot 118
Ananas
    Chicken-Teriyaki in Ananasbowls 123
    Smoothie Bowl »Meerjungfrau« 51
    Whipped Piña Colada 36
Anmerkungen
    antworten 21
    sich ein dickes Fell zulegen 21
    Vergleiche der Videolängen 20
Arme-Ritter-Auflauf mit Schokotröpfchen 61
Arme Ritter mit Schoko-Nuss-Creme 130
Ausstattung, benötigte 17 ff.
    Beleuchtung 18
    Handmixer 17
    Heißluftfritteuse 17
    Kameras zum Videofilmen 18
    Standmixer 17
    Stative 18 f.
    Waffeleisen 17
    zu: Küchengeräte ((17 f.)), -Filmausrüstung ((18 f.))

Avocados
    Avocado-Eier aus dem Ofen 71
    Toast mit Avocado-Rose 72

B

Backen mit Heißluftfritteuse 17, 21
Bagels 85
Bananen
    Bananenbrot aus der Heißluftfritteuse 84
    Smoothie-Bowl »Meerjungfrau« 51
Bearbeitungsapps 19
Beeren
    Himbeerige Chiacreme 58
    Pink Coconut Drink 46
    Pink Protein Smoothie Bowl 54
    Smoothie-Bowl »Meerjungfrau« 51
Beleuchtungsausrüstung 18
Bowls
    Chicken-Teriyaki in Ananasbowls 123
    Französische Zwiebelsuppe im Brot 114
    Pink Protein Smoothie Bowl 54
    Smoothie-Bowl »Meerjungfrau« 51
Brands, Zusammenarbeit mit 22
Brot. *Siehe auch* Pfannkuchen, Pizza, Sandwiches, Waffeln
    Arme Ritter mit Schoko-Nuss-Creme 130

Arme-Ritter-Auflauf mit Schoko-
tröpfchen 61
Bananenbrot aus der Heißluft-
fritteuse 84
Brotpudding aus Donuts 137
Cloud Bread 91
Croissants mit Spekulatiuscreme 55
Eiscreme-Brot 93
Französische Zwiebelsuppe im Brot 114
Garten-Focaccia 88
Hummus-Toast 62
Knoblauchbrot »Schildkröten-
panzer« 82
Muffin-Müsli 92
Pull-apart-Knoblauchbrötchen 101
Schnelle Bagels 85
Tassen-Zimtschnecke 98
Toast mit Avocado-Rose 72
Bubble Milk Tea mit braunem Zucker 40
Burger mit frittiertem Mozzarella 110

C

Calzone, Taco- 109
Cloud Bread 91
Coffee Latte 27
Creator-Programm, sich anschließen 22
Croissants mit Spekulatiuscreme 55

D

Dalgona Coffee Latte 27
Dauer (Länge) des Videos 20

Desserts
Arme Ritter mit Schoko-Nuss-
Crème 130
Brotpudding aus Donuts 137
Cookie Cups mit Schokolade und
Marshmallows 153
Doppelkekskrapfen 139
Drei-Minuten-Donuts 147
Einhorn-Fudge 144
Eiscreme aus dem Einmachglas 133
Gefüllter Pfannen-Keks 154
Marshmallow-Popcorn-Bällchen 149
Matcha-Lavakuchen 143
Mini-Donuts aus dem Backofen 150
Riesenkeks aus der Heißluft-
fritteuse 140
Schokowaffel-Tacos 134
Tassen-Kekskuchen 136
Tassenkuchen zum Geburtstag 129
Überbackener S'More 146
zu: Tipps zum Filmen 136, 137, 140, 153
Donuts
Brotpudding aus Donuts 137
Drei-Minuten-Donuts 147
Mini-Donuts aus dem Backofen 150
Drachenfrucht
Drachenfrucht-Limonade-Frappé 45
Pink Protein Smoothie Bowl 54
Drei-Minuten-Donuts 147
Drinks
Bubble Milk Tea mit braunem
Zucker 40
Dalgona Coffee Latte 27
Drachenfrucht-Limonade-Frappé 45

Goldene Milch 31
Litschi-Boba-Limonade 43
Matcha Milkshake 30
Orange Cream Float 39
Pink Coconut Drink 46
Pumpkin Spice Frappé 42
Whipped Cocoa 37
Whipped Matcha Latte 34
Whipped Piña Colada 36
Whipped Strawberry Milk 28
White Hot Chocolate 33
zu: Whipped-Milk-Kreationen filmen ((28)), Latte-Gemisch aufschäumen ((27)), Popping Boba Fruchtperlen ((43))

E

Eier
- Arme-Ritter-Auflauf mit Schokotröpfchen 61
- Avocado-Eier aus dem Ofen 71
- Ei-Lasagne 63
- One-Pan-Frühstückssandwich 57

Einhorn-Fudge 144

Eiscreme
- Eiscreme aus dem Einmachglas 133
- Eiscreme-Brot 93
- Gefüllter Pfannen-Keks 154
- Matcha Milkshake 30
- Orange Cream Float 39
- Schokowaffel-Tacos 134
- zu: roher Keksteig als Topping 156

Eiscreme aus dem Einmachglas 133

Enchiladas, Tortilla- 121
Erdbeeren. *Siehe* Beeren
Experimentieren 21

F

Facebook, TikTok, Vergleich 15 f.
Feedback. *Siehe* Kommentare
Filmen
- Algorithmus überlisten und 19 f.
- Bearbeitungsapps 19
- Beleuchtung 18
- Kamera und Filmsituation 18
- Stative 18 f.

Fleischbällchen mit Käsefüllung 107
Focaccia, Garten- 88
Follower gewinnen
- Algorithmus überlisten und 19 f.
- eigene Note hinzufügen 23
- eigene Plattform boosten und 22
- eigene Plattform zu Geld machen 22
- experimentieren und 21
- Kommentare beantworten und 21
- Live gehen 22
- sich als Content Creator etablieren 21
- sich dem TikTok-Creator-Programm anschließen 22
- sich ein dickes Fell zulegen 21
- Trends folgen 21
- verifiziert werden und 21
- Zusammenarbeit mit Brands, Werbung posten 22

Französische Zwiebelsuppe im Brot 114

Frühstücks-Hacks
    Arme-Ritter-Auflauf mit Schokotröpfchen 61
    Avocado-Eier aus dem Ofen 71
    Croissants mit Spekulatiuscreme 55
    Ei-Lasagne 63
    Himbeerige Chiacreme 58
    Hummus-Toast 62
    Kartoffelwaffeln 64
    One-Pan-Frühstückssandwich 57
    Panda-Pancakes 67
    Pfannkuchen-Müsli 68
    Pink Protein Smoothie Bowl 54
    Schinkensandwiches aus Brötchenteig 74
    Smoothie-Bowl »Meerjungfrau« 51
    Soufflé-Pfannkuchen aus der Heißluftfritteuse 52
    Toast mit Avocado-Rose 72
    Zu: Tipps für das Filmen 50, 52, 66

G

Garten-Focaccia 88
Geldverdienen, Plattform zu Geld machen 22
Gojibeeren, in Pink Protein Smoothie Bowl 54
Goldene Milch 31

H

Hähnchen
    Chicken-Teriyaki in Ananasbowls 123
    Ramen-Nudeln de Luxe 104
    Würzige Hähnchenfilets mit Käsekruste 113
Handmixer 17
Handy
    Beleuchtung zum Filmen mit 18
    Kameras zum Videofilmen 18
    Stative 18
Heißluftfritteuse
    Bananenbrot aus der Heißluftfritteuse 84
    Burger mit frittiertem Mozzarella 110
    Drei-Minuten-Donuts 137
    Gouda aus der Heißluftfritteuse 81
    Knusprige Käselaibe 97
    Riesenkeks aus der Heißluftfritteuse 140
    Schnelle Bagels 85
    Soufflé-Pfannkuchen aus der Heißluftfritteuse 52
    Würzige Hähnchenfilets mit Käskruste 113
    zur: Backen mit ((84)), Vorzüge und Kauftipps ((17))
Himbeeren. *Siehe* Beeren
Himbeerige Chiacreme 58
Hülsenfrüchte
    Hummus-Toast 62
    Taco-Calzone 109
    Tortilla-Enchiladas 121
Hummus-Toast 62

I

Instagram, TikTok, Vergleich 15 f.

K

Kamera und Aufbau 18

Kartoffeln

    Aligot 118

    Kartoffelwaffeln 64

Kartoffelwaffeln 64

Käse. *Siehe auch* Pizza

    Aligot 118

    Ei-Lasagne 63

    Fleischbällchen mit Käsefüllung 107

    Gouda aus der Heißluftfritteuse 81

    Käsetortellini mit Pancetta 108

    Knoblauchbrot »Schildkrötenpanzer« 82

    Knusprige Käselaibe 97

    Leckere Käsenudeln 117

    Pastatorte »Bienenwaben« 124

    Pull-apart-Knoblauchbrötchen 101

    Sandwiches mit. Siehe Sandwiches

    Scharfe Mozzarella-Sticks aus der Heißluftfritteuse 77

    Tortilla-Enchiladas 121

    Würzige Hähnchenfilets mit Käsekruste 113

    zu: Aufnahmen Käsefäden 79, 108

Kekse. *Siehe* Desserts

Kichererbsen, im Hummus-Toast 62

Kiwi, in der Pink Protein Smoothie Bowl 54

Knoblauchbrot »Schildkrötenpanzer« 82

Knusprige Käselaibe 97

Kokos

    Himbeerige Chiacreme 58

    Pink Coconut Drink 46

    Pink Protein Smoothie Bowl 54

    Smoothie-Bowl »Meerjungfrau«

    Whipped Piña Colada 36

Kommentare beantworten 21

Kreativität, deine eigene Note hinzufügen 23, 77

Kuchen, Dessert. *Siehe* Desserts

Küchengeräte 17

L

Länge des Videos 20

Lasagne, Ei- 63

Lasagnerollen 120

Lattes. *Siehe* Drinks

Lavakuchen, Matcha 143

Leckere Käsenudeln 117

Litschi-Boba-Limonade 43

Live gehen 22

M

Mango

    Drachenfrucht-Limonade-Frappé 45

    Pink Protein Smoothie Bowl 54

Marshmallows

    Cookie Cups mit Schokolade und Marshmallows 153

    Marshmallow-Popcorn-Bällchen 149

    Überbackener S'More 146

    White Hot Chocolate 33

    zu: Marshmallowfäden 153

Matcha

    Matcha Milkshake 30

    Matcha-Lavakuchen 143

Whipped Matcha Latte 34

zu: Matcha für Tee-Zeremonien 34

Milch

Bubble Milk Tea mit braunem Zucker 40

Dalgona Coffee Latte 27

Goldene Milch 31

Matcha Milkshake 30

Pumpkin Spice Frappé 42

Whipped Cocoa 37

Whipped Matcha Latte 34

Whipped Strawberry Milk 28

White Hot Chocolate 33

zu: Grundlage für viele Whipped-Milk-Drinks ((37)), Latte-Gemisch aufschäumen ((27))

Mittag- und Abendessen

Aligot 118

Burger mit frittiertem Mozzarella 110

Chicken-Teriyaki in Ananasbowls 123

Fleischbällchen mit Käsefüllung 107

Französische Zwiebelsuppe im Brot 114

Käsetortellini mit Pancetta 108

Lasagnerollen 120

Leckere Käsenudeln 117

Pastapizza 126

Pastatorte »Bienenwaben« 124

Ramen-Nudeln de Luxe 104

Taco-Calzone 109

Tortilla-Enchiladas 121

Würzige Hähnchenfilets mit Käsekruste 113

zu: Tipps zum Filmen 105, 108, 126

Mixer, Hand- 17

Muffin-Müsli 92

Müsli

Muffin-Müsli 92

Pancake Cereal 68

zu: Trend 68

N

Nudeln. *Siehe* Pasta

Nüsse und Saaten

Arme Ritter mit Schoko-Nuss-Creme 130

Gefüllter Pfannen-Keks 154

Himbeerige Chiacreme 58

Riesenkeks aus der Heißluftfritteuse 140

Smoothie-Bowl »Meerjungfrau« 51

O

One-Pan-Frühstückssandwich 57

Orange Cream Float 39

P

Pancetta, Käsetortellini mit 108

Panda-Pancakes 67

Pasta

Käsetortellini mit Pancetta 108

Lasagnerollen 120

Leckere Käsenudeln 117

Pastapizza 126

Pastatorte »Bienenwaben« 124

Ramen-Nudeln de Luxe 104

zu: Tipps zum Filmen 104, 108

Pastapizza 126
Pastatorte »Bienenwaben« 124
Pfannkuchen. *Siehe auch* Waffeln
    Pancake-Cereal 68
    Panda-Pancakes 67
    Soufflé-Pfannkuchen aus der Heißluftfritteuse 52
    zu: Tipps zum Filmen ((52)), Backmischung ((17))
Pink Coconut Drink 46
Pizza
    Leckere Käsenudeln 117
    Pastapizza 126
    Pizzateilchen mit Salami 78
    Pizzawaffeln mit Mini-Salami 94
    Tassen-Pizza 87
Pizzamehl 89
Pizzawaffeln mit Mini-Salami 94
Popcorn-Bällchen, Marshmallow 149
Pull-Apart-Knoblauchbrötchen 101
Pumpkin Spice Frappé 42

R

Ramen-Nudeln de Luxe 104
Rindfleisch
    Burger mit frittiertem Mozzarella 110
    Fleischbällchen mit Käsefüllung 107
    Lasagnerollen 120
    Pastatorte »Bienenwaben« 124
    Taco-Calzone 109
    Tortilla-Enchiladas 121

S

Salami
    Leckere Käsenudeln 117
    Pastapizza 126
    Pizzateilchen mit Salami 78
    Pizzawaffeln mit Mini-Salami 94
    Tassen-Pizza 87
Sandwiches
    Burger mit frittiertem Mozzarella 110
    One-Pan-Frühstückssandwich 57
    Schinkensandwiches aus Brötchenteig 74
    Taco-Calzone 109
Scharfe Mozzarella-Sticks aus der Heißluftfritteuse 77
Schinkensandwiches aus Brötchenteig 74
Schnelle Bagels 85
Schokolade. *Siehe auch* Weiße Schokolade
    Arme-Ritter-Auflauf mit Schokotröpfchen 61
    Cookie Cups mit Schokolade und Marshmallows 153
    Doppelkekskrapfen 139
    Gefüllter Pfannen-Keks 154
    Muffin-Müsli 92
    Schokowaffel-Tacos 134
    Überbackener S'More 146
    Whipped Cocoa 37
Schokolade und Marshmallows, Cookie Cups mit 153
Schoko-Nuss-Creme
    Arme Ritter mit Schoko-Nuss-Crème 130

Gefüllter Pfannen-Keks 154
Riesenkeks aus der Heißluft-
fritteuse 140
Smoothie Bowls
Pink Protein Smoothie Bowl 54
Smoothie Bowl »Meerjungfrau« 51
zu: Smoothie Bowl filmen 50
Smoothie-Bowl »Meerjungfrau« 51
S'More, überbacken 146
Snacks
Bananenbrot aus der Heißluft-
fritteuse 84
Cloud Bread 91
Eiscreme-Brot 93
Garten-Focaccia 88
Gouda aus der Heißluftfritteuse 81
Knoblauchbrot »Schildkröten-
panzer« 82
Knusprige Käselaibe 97
Muffin-Müsli 92
Pizzateilchen mit Salami 78
Pizzawaffeln mit Mini-Salami 94
Pull-apart-Knoblauchbrötchen 101
Scharfe Mozzarella-Sticks aus der
Heißluftfritteuse 77
Schnelle Bagels 85
Tassen-Pizza 87
Tassen-Zimtschnecke 98
Zu: Tipps zum Filmen ((78, 90)),
Eiüberzug zum Bestreichen
herstellen ((85))
Soufflé-Pfannkuchen aus der Heißluft-
fritteuse 52

Stative 18
Suppe, französische Zwiebelsuppe
im Brot 114

T

Taco-Calzone 109
Tacos, Schokowaffeln 134
Tapioka, in Bubble Milk Tea mit braunem
Zucker 40
Tapioka-Perlen, Drinks mit
Bubble Milk Tea mit braunem
Zucker 40
Litschi-Boba-Limonade 43
Popping Boba Fruchtperlen 43
Tasse, Rezepte in der
Tassen-Kekskuchen 136
Tassenkuchen zum Geburtstag 129
Tassen-Pizza 87
Tassen-Zimtschnecke 98
Tassenkuchen zum Geburtstag 129
Tassen-Zimtschnecke 98
Tee. *Siehe auch* Matcha
Bubble Milk Tea mit braunem
Zucker 40
Pink Coconut Drink 46
TikTok
Algorithmus überlisten 19 f.
Bedeutung von Food-Hacks auf 14
führende Social-Media-Plattformen
und 15 f.
Küchengeräte, benötigte 17
Kurze Geschichte 14
Trends auf 14 f.

Register | 165

Vergleich mit Facebook-Videos 15
Vergleich mit Instagram 15 f.
Vergleich mit YouTube-Videos 15
verifiziert werden auf 21 f.
zu: Überblick über dieses Buch und 11 f.

TikTok-Creator-Programm 22

TikTok-Geschichte 14

TikTok-Rezepte

»berühmte« Online-Köche und 15
Charakteristiken von 15 f.
Filmausrüstung zum Aufzeichnen 18 f.
Food-Hacks und 14
Küchengeräte für 17
schöne Aufnahmen 16
Trends auf 14 f.
Video-Charakteristiken 20
Was du brauchst 17
weltweite Küche und 15
zu: Überblick über dieses Buch und 11 f.
Zutaten für 17

Tipps zum Filmen

Algorithmus überlisten 19 f.
ASMR-Videos 74
Aufmerksamkeit der Zuschauer früh fesseln 20
Aufnahmen von Käsefäden 108
Den Viewern etwas beibringen 20
Desserts 127 ff.
Diskussion entfachen 77, 87
Drinks 25 ff.
Frühstücks-Hacks 49 ff.
Mittag- und Abendessen 103 ff.
Rezeptvideos von Smoothiebowls 50

Snacks 75 ff.
Videolänge 20
Tortilla-Enchiladas 121
Trends auf TikTok
Erklärung und Beispiele 14 f.
Follower 20 ff.

U

Überbackener S'More 146
Überkopf-Befestigung 18

V

Verifizierung, auf TikTok verifiziert werden 21 f.
Videos. *Siehe auch* Filmen *Referenzen*
Ausrüstung zum Aufnehmen 18
Länge 20
möglichst einfach halten 16
Rezepte zum Aufnehmen. *Siehe* TikTok-Rezepte
TikTok und Instagram im Vergleich 16
Vergleich mit anderen Social-Media-Plattformen 15
Vergleich TikTok- und YouTube- bzw. Facebook-Videos 15
Viewern etwas beibringen 20

W

Waffeln
Kartoffelwaffeln 64
Pizzawaffeln mit Mini-Salami 94
Schokowaffel-Tacos 134

zu: Tolle Videos mit Gerichten aus dem Waffeleisen ((74)), Waffeleisen für ((17))

Werbung, posten von 22

Weiße Schokolade

    Einhorn-Fudge 144

    Matcha-Lavakuchen 143

    White Hot Chocolate 33

Whipped Cocoa 37

Whipped Matcha Latte 34

Whipped Piña Colada 36

Whipped Strawberry Milk 28

White Hot Chocolate 33

Würzige Hähnchenfilets mit Käsekruste 113

Y

YouTube, TikTok, Vergleich 15

Z

Zitrone. *Siehe* Zitrusfrüchte

Zitrusfrüchte

    Drachenfrucht-Limonade-Frappé 45

    Litschi-Boba-Limonade 43

    Orange Cream Float 39

Zusammenarbeit mit Brands 22

Zutaten

    Grundzutaten 17

    Pizzamehl 89

    Schlichtheit der 16

Zwiebelsuppe im Brot 114

Über die Autorin

Valentina Mussi ist Food- und Lifestyle-Contentcreator aus Miami. Sie stammt aus einer italienisch-kolumbianischen Familie und hat dank ihres multikulturellen Backgrounds einen ganz besonderen Blick auf Essen und Kultur. Inspiriert von ihrer Vorliebe für Süßes und gutes Essen, rief sie Sweetportfolio ins Leben – einen verfizierten Account und Social-Media-Brand zur Präsentation von leckeren und einfachen Rezepten. Zu ihren beliebtesten Videos zählen ihr Rezept für Knusprige Käselaibe, das insgesamt über 29 Millionen Mal angesehen wurde, die Whipped Strawberry Milk mit über 26 Millionen Views und die Smoothie-Bowl »Meerjungfrau« mit insgesamt über 19 Millionen Views. Ihre Rezepte sind leicht nachvollziehbar und die Ergebnisse trotz der einfachen Zubereitung echte Hingucker. Daher wurden nicht nur die User der sozialen Medien auf sie aufmerksam, sondern auch namhafte Medien wie *Time*, *Insider*, *People*, ABC News und *Today*.

NOTIZEN

NOTIZEN

NOTIZEN

NOTIZEN

Bibliografische Information der Deutschen Nationalbibliothek
Die Deutsche Nationalbibliothek verzeichnet diese Publikation in der Deutschen Nationalbibliografie. Detaillierte bibliografische Daten sind im Internet über http://dnb.d-nb.de abrufbar.

Für Fragen und Anregungen
info@rivaverlag.de

Wichtiger Hinweis
Ausschließlich zum Zweck der besseren Lesbarkeit wurde auf eine genderspezifische Schreibweise sowie eine Mehrfachbezeichnung verzichtet. Alle personenbezogenen Bezeichnungen sind somit geschlechtsneutral zu verstehen.
Dieses Buch ist kein offizielles Lizenzprodukt und wurde nicht von TikTok autorisiert, genehmigt oder lizenziert.

1. Auflage 2022
© 2022 by riva Verlag, ein Imprint der Münchner Verlagsgruppe GmbH
Türkenstraße 89
80799 München
Tel.: 089 651285-0
Fax: 089 652096

Die englische Originalausgabe erschien 2021 bei Adams Media unter dem Titel *The Unofficial TikTok Cookbook. 75 Internet-Breaking Recipes for Snacks, Drinks, Treats and More!*. © 2021 by The Sweetportfolio Company, Inc. All rights reserved.

Alle Rechte, insbesondere das Recht der Vervielfältigung und Verbreitung sowie der Übersetzung, vorbehalten. Kein Teil des Werkes darf in irgendeiner Form (durch Fotokopie, Mikrofilm oder ein anderes Verfahren) ohne schriftliche Genehmigung des Verlages reproduziert oder unter Verwendung elektronischer Systeme gespeichert, verarbeitet, vervielfältigt oder verbreitet werden.

Übersetzung: Martina Fischer
Redaktion: Caroline Kazianka
Umschlaggestaltung: Pamela Machleidt
Abbildungen: Harper Point Photography
Illustrationen: Priscilla Yuen
Satz: inpunkt[w]o, Haiger (www.inpunktwo.de)
Druck: Firmengruppe APPL, aprinta Druck, Wemding
Printed in Germany

ISBN Print 978-3-7423-1976-0
ISBN E-Book (PDF) 978-3-7453-1712-1
ISBN E-Book (EPUB, Mobi) 978-3-7453-1711-4

Weitere Informationen zum Verlag finden Sie unter
www.rivaverlag.de
Beachten Sie auch unsere weiteren Verlage unter www.m-vg.de